Ética e poder na sociedade da informação
De como a autonomia das novas tecnologias obriga a rever o mito do progresso

FUNDAÇÃO EDITORA DA UNESP

Presidente do Conselho Curador
Herman Jacobus Cornelis Voorwald

Diretor-Presidente
José Castilho Marques Neto

Editor-Executivo
Jézio Hernani Bomfim Gutierre

Conselho Editorial Acadêmico
Alberto Tsuyoshi Ikeda
Célia Aparecida Ferreira Tolentino
Eda Maria Góes
Elisabeth Criscuolo Urbinati
Ildeberto Muniz de Almeida
Luiz Gonzaga Marchezan
Nilson Ghirardello
Paulo César Corrêa Borges
Sérgio Vicente Motta
Vicente Pleitez

Editores-Assistentes
Anderson Nobara
Henrique Zanardi
Jorge Pereira Filho

Gilberto Dupas

Ética e poder na sociedade da informação

De como a autonomia das novas tecnologias obriga a rever o mito do progresso

3ª edição

© 2000 Editora UNESP

Direitos de publicação reservados à:
Fundação Editora da UNESP (FEU)
Praça da Sé, 108
01001-900 – São Paulo – SP
Tel.: (0xx11) 232-7171
Fax: (0xx11) 232-7172
www.editoraunesp.com.br
www.livrariaunesp.com.br
feu@editora.unesp.br

CIP – Brasil. Catalogação na fonte
Sindicato Nacional dos Editores de Livros, RJ

D942e
3.ed.

Dupas, Gilberto, 1943-2009
    Ética e poder na sociedade da informação: de como a autonomia das novas tecnologias obriga a rever o mito do progresso / Gilberto Dupas. – 3.ed. – São Paulo: Editora UNESP, 2011.
135p.

    ISBN 978-85-393-0077-8

    1. Civilização moderna – Filosofia. 2. Ética. 3. Tecnologia e civilização. I. Título.

10-6209.
    CDD:909
    CDU:94

Índice para catálogo sistemático:
1. Tecnologia e ética   601

Editora afiliada:

"Mas uma tempestade está sendo soprada do Paraíso; pegou suas asas tão violentamente que o anjo não as consegue mais fechar. A tempestade o suga para trás, para o futuro, enquanto os destroços se acumulam em direção aos céus, diante de seus olhos. Essa tempestade chama-se progresso."

Walter Benjamin

"Para onde foi Deus? Quero dizer-lhes! Nós o matamos – vós e eu. Deus está morto! ... A grandeza desse ato não é demasiado grande para nós? Não temos de converter-nos em deuses, para parecermos dignos desse ato?"

Friedrich W. Nietzsche

"Os filósofos não podem isolar-se contra a ciência. Ela não apenas ampliou e transformou enormemente nossa visão da vida e do universo; também revolucionou as regras segundo as quais opera o intelecto."

Claude Lévi-Strauss

Sumário

Prefácio à 2ª edição   9

Introdução   13

1 Capitalismo global e o mito do progresso   21

2 O atual ciclo de acumulação e suas contradições   27

3 Tecnologia da informação e hegemonia
   norte-americana   37

4 Sociedade-espetáculo, tecnologia e destruição   49

5 Liberalismo, individualismo e a armadilha
   das técnicas   59

6 A busca de uma ética para os novos tempos   69

7 Os pragmatistas e a distinção entre moral
   e prudência   91

8 A sociedade e a legitimidade da ciência
   restauradas por uma nova hegemonia   99

Bibliografia   125

Índice remissivo   131

Prefácio à 2ª edição

A preparação de uma segunda edição de *Ética e poder na sociedade da informação* apenas sete meses após seu lançamento deixa-me surpreso diante da acolhida a um tema que, embora vital, é tratado na radical "contramão" às tendências dominantes e à grande mídia global. Questões críticas foram aprofundadas: a busca de uma ética para os novos tempos da autonomia arrogante da ciência atrelada à lógica da acumulação; a introdução do *dever* onde tudo é *poder*; e o novo papel do Estado como legítimo representante da sociedade no direcionamento dos vetores tecnológicos a favor da preservação da natureza e da humanidade.

Nesses poucos meses, novos episódios vieram confirmar essas preocupações. Entre eles, o fracasso da reunião de Helsinque sobre o controle do meio ambiente, que jogou por terra os já frágeis esforços iniciados em Kioto e tornou irreversível o crescimento do buraco de ozônio e da poluição atmosférica nas próximas décadas. A síndrome da "vaca louca" continuou a espalhar pânico na Europa e parece ser a consequência de longa intoxicação cumulativa de milhões de animais arrancados das pastagens e submetidos a dietas antinaturais, além de saturados de hormônios e antibióticos que afetam os homens, tais como as aves que o mundo industrializado consome.

Em seguida, houve o experimento de engenharia genética que propiciou o nascimento de um macaco *rhesus* vivendo com gene de água-viva em seu DNA, o que o transformou na primeira cobaia transgênica semelhante ao homem. Isso nos colocou virtualmente em condições de fazer o mesmo em seres humanos, com consequências desconhecidas e, eventualmente, dramáticas. Esse anúncio, cercado da habitual deificação da ciência, sugeria estar-se a caminho da cura do câncer, do mal de Alzheimer e da diabete. Lawrence C. Smith, da Universidade de Montreal e um dos precursores da técnica que criou a ovelha Dolly, declarou seu entusiasmo a favor da clonagem de seres humanos. Embora admitindo que muitos clones nascerão com anomalias cardíacas, pulmonares e imunológicas, saiu-se com um alarmante "é errando que se aprende". Enquanto isso, um acidente em laboratório genético australiano matava todos os ratos do biotério, atacados por um vírus desconhecido produzido por acaso. As reações contrárias da comunidade científica, no entanto, continuaram tímidas, boa parte dela preocupada com suas verbas, seu prestígio e empregos. Apenas algumas vozes isoladas se manifestaram, normalmente de especialistas em ética na ciência.

Dos seminários, conferências e debates que se seguiram ao lançamento deste livro, inclusive na Argentina e no Chile, muito aproveitei de sugestões e análises feitas por especialistas e companheiros do IEA, da USP e de outras universidades. Uma das observações mais argutas foi de que eu teria centrado demasiadamente minha crítica sobre a ausência de referencial ético na técnica, quando o principal omisso seria o Estado contemporâneo, incapaz de ocupar um espaço indutor e regulador que é intrinsecamente seu. Concordo com essa tese e a adoto integralmente, o que esperei que estivesse claro, especialmente no último capítulo deste livro.

Para esta nova edição, além de pequenas correções da anterior, estou acrescentando um novo capítulo (7. Os pragmatistas e a distinção entre moral e prudência) e, em função dele, complementando o capítulo 8. Isso foi motivado por minha angústia de que a ética impregnada de Kant e Platão exige a busca de um absoluto e de uma verdade que sabemos nunca será alcançada. Platão ensinou que a distinção entre universal e individual, ou entre ações altruístas ou egoístas, é análoga à distinção entre razão e paixão. Já os pragmatistas acham que há pouco a ser dito sobre a verdade e questionam se a busca platônica não seria infrutífera. Em suas tentativas de substituir profundidade e elevação por metáforas de alargamento e extensão, eles questionam a ideia de que desenvolvimentos científicos requerem "fundamentações filosóficas" para evitar que se tornem perversos; são hipóteses que merecem nosso exame.

Espero que essas complementações à primeira edição sejam em benefício do esclarecimento do leitor.

Gilberto Dupas
São Paulo, fevereiro de 2001

Introdução

Apesar de ter sido um período de excepcionais conquistas da ciência, o século XX não terminou bem. À catástrofe das duas guerras haviam-se seguido cerca de trinta anos de extraordinário crescimento econômico e transformação social que mudaram de maneira profunda a sociedade humana. Suas três últimas décadas, no entanto, foram um período de decomposição, incerteza e crise. À medida que se aproximavam os anos 90, o estado de espírito dos que refletiam sobre o século era de crescente desencanto. O futuro aparecia como desconhecido e problemático. O mundo capitalista viu-se novamente às voltas com problemas que parecia ter eliminado: desemprego, depressões cíclicas, população indigente em meio a um luxo abundante e o Estado em crise.

Eric Hobsbawm lembra que, paradoxalmente, os enormes triunfos de um progresso material apoiado nas novas tecnologias acabaram questionados por grupos substanciais da opinião pública e pensadores ocidentais. No entanto, terminado o século, viviam na Terra quase 6 bilhões de seres humanos, três vezes mais que na eclosão da Primeira Guerra Mundial. Na década de 1990 a maioria das pessoas era mais alta e pesada que seus pais, mais bem-alimentada e muito mais longeva. O mundo estava incomparavelmente mais rico em sua capacidade de produzir bens e serviços sofisticados. A maioria das pessoas vivia melhor que as gerações anteriores e, nos países desenvolvidos, melhor do que algum dia tinha esperado viver. Durante algumas décadas, em meados do século, chegou a parecer que se haviam descoberto maneiras de distribuir pelo menos parte dessa riqueza com um certo grau de justiça entre os trabalhadores dos países mais ricos, embora no fim do século a desigualdade tivesse voltado a aumentar. A humanidade era muito mais culta; talvez pela primeira vez na história a maioria dos seres humanos podia ser descrita como alfabetizada. E o mundo estava repleto de tecnologias revolucionárias e triunfos da ciência.

Cada vez mais vastas áreas da vida humana foram governadas pela difusão sistemática de conhecimento, determinando a grande expansão econômica da segunda metade do século XX. As mais esotéricas inovações da ciência foram se transformando quase imediatamente em tecnologias práticas. Os *lasers*, apenas vinte anos após pesquisados nos laboratórios, chegaram ao consumidor como *compact discs*. Menos tempo ainda se passou entre a descoberta do DNA e o uso corriqueiro da biotecnologia na medicina e na agricultura. Graças à explosão da tecnologia da informação, os avanços científicos foram se traduzindo numa tecnologia que exige mínima compreensão dos usuários finais. Com todos esses progressos, devíamos esperar que as ideologias voltassem a aplaudir os maravilhosos triunfos da ciência e da mente humana. No entanto, o novo século se inicia em estado de inquietação.

Muitas são as razões para esse estranho paradoxo. O capitalismo global apossou-se por completo dos destinos da tecnologia, libertando-a de amarras metafísicas e orientando-a única e exclusivamente para a criação de valor econômico. As legislações de marcas e patentes transformaram-se em instrumentos eficazes de apropriação privada das conquistas da ciência, reforçando os traços concentradores e hegemônicos do atual desenvolvimento. As consequências dessa autonomização da técnica com relação a valores éticos e normas morais foram, dentre outras, o aumento da concentração de renda e da exclusão social, o perigo de destruição do *habitat* humano por contaminação e de manipulação genética ameaçando o patrimônio comum da humanidade. A esses riscos devemos acrescentar o esgotamento da própria dinâmica de acumulação capitalista, por conta de uma eventual crise de demanda.

A partir do século XIX, a modernização cultural havia obrigado à diferenciação das três esferas de valor concentradas na religião. A ciência passou a condicionar seu saber ao desenvolvimento do processo produtivo. A moral se tornou secular, com caráter universalista, internalizada pelo indivíduo e originando a ética do trabalho. E, finalmente, a arte se autonomizou.

Mas a partir de meados do século passado, Theodor Adorno já identificara que o moderno havia ficado fora de moda. Para Sérgio Paulo Rouanet, essa ideia tem algo de desestabilizante: "Dizer que somos pós-modernos dá um pouco a impressão de que deixamos de ser contemporâneos de nós mesmos ... [No entanto] as vanguardas do alto modernismo perderam sua capacidade de escandalizar e se transformaram em *establishment*; os grandes mitos oitocentistas do progresso em flecha e da emancipação da humanidade pela ciência ou pela revolução são hoje considerados anacrônicos; e a razão, instrumento com que o Iluminismo queria combater as trevas da superstição e do obscurantismo, é denunciada como o principal agente de dominação. Há uma consciência de que a economia e a sociedade são regidas por novos imperativos, por uma tecnociência computadorizada que invade nosso espaço pessoal e substitui o livro pelo micro, e ninguém sabe ao certo se tudo isso anuncia uma nova Idade Média ou uma Renascença. Há uma consciência de ruptura" (1999, p.229).

Jean-François Lyotard chama de pós-moderno o estado da cultura após as transformações que afetaram as regras dos jogos da ciência, da literatura e das artes a partir do fim do século XIX, referindo-se à "crise dos relatos". De acordo com o autor, a função narrativa perde seus atores, os grandes heróis, os grandes perigos, os grandes périplos e o grande objetivo, dispersando-se em nuvens de elementos de linguagem narrativos, cada um veiculando consigo validades pragmáticas *sui generis*. Assim, nasce uma sociedade que se baseia menos na antropologia newtoniana (como o estruturalismo ou a teoria dos sistemas) e mais na pragmática das partículas de linguagem. A legitimação dessa ciência em matéria de justiça social e de verdade científica seria a de otimizar as *performances* do sistema, a sua eficácia.

No cotidiano da pós-modernidade, a máquina é substituída pela informação e o contato entre pessoas passa a ser mediado pela tela eletrônica. O mundo social se desmaterializa, transforma-se em signo e simulacro. Rouanet lembra que "sob a implacável luz néon da sociedade informatizada, não há mais cena – a realidade tornou-se, literalmente, *obscena*, pois tudo é transparência e visibilidade imediata" (p.230). O cidadão de Rousseau transforma-se no seu particularismo de mulher, judeu, negro, homossexual. A política não é mais genérica, mas específica das dialéticas homem/mulher, antissemita/judeu, dominante/minoritário, incluído/excluído. Os atores políticos universais são substituídos por um poder difuso, espalhando-se por toda a sociedade civil.

Na pós-modernidade, a utopia dos mercados livres e da globalização tornam-se a referência. Mas o vazio e a crise pairam no ar. Sente-se um mundo fragmentado, seu sentido se perdendo nessas fraturas, com múltiplos significados, orientações e paradoxos. Juntas, ciência e técnica não param de surpreender e revolucionar. A capacidade de produzir mais e melhor não cessa de crescer. Mas esta ciência vencedora começa a admitir que seus efeitos possam ser perversos. Ela é simultaneamente hegemônica e precária. Nesse mundo de poder, produção e mercadoria, o progresso traz consigo desemprego, exclusão, concentração de renda e subdesenvolvimento. O mundo da *performance* cultua o otimismo. Nada mais parece impossível. Por outro lado, cresce o sentimento de impotência diante dos impasses, da instabilidade, da precariedade das conquistas. A opacidade do futuro parece impenetrável.

As novas tecnologias geram produtos de consumo radicalmente novos. Ondas de entusiasmo, apoiadas e lançadas por todos os meios de comunicação, propagam-se instantaneamente. O homem volta a ser rei exibindo a sua intimidade com os objetos de consumo ou identificando-se com os novos ícones, os heróis da mídia eletrônica transformados eles mesmos em mercadoria ou identificados com marcas globais. Com a superpopulação e o atual estilo de desenvolvimento, corremos o risco de esgotar nossas reservas naturais e eliminar para sempre numerosas espécies vegetais e animais. Somos uma grande família que dissipa irrefletidamente seu parco patrimônio e que depende cada vez mais de novos conhecimentos para se manter viva.

No caso da ciência atual, com sua enorme capacidade de gerar inovações e saltos tecnológicos, as manchetes futuristas falam em estarmos a ponto de controlar o envelhecimento ou produzirmos clones perfeitos de nós mesmos. Esse processo tem sido legitimado pelos impressionantes resultados de alguns dos êxitos da ciência, fazendo-a adquirir uma auréola mágica e determinista, e colocando-a acima da razão e da moral. A camuflagem dos riscos, alguns deles enormes, é feita com competência pelas mídias globais que deificam as conquistas científicas como libertadoras do destino da humanidade, impedindo julgamentos e escolhas.

São, portanto, ao mesmo tempo espetaculares e preocupantes os efeitos desses avanços da técnica que rompem, inauguram e voltam a romper sucessivamente vários paradigmas dentro de uma lógica de competição exacerbada, de deslumbramento diante da novidade tecnológica e de ausência total de valores e normas éticas.

Não se trata de ir contra o desenvolvimento tecnológico, adotando um posicionamento reacionário. A questão é bem outra: a tecnologia pode e deve se submeter a uma ética que seja libertadora a fim de contemplar o bem-estar de toda a sociedade, presente e futura, e não apenas colocar-se a serviço de minorias ou atender necessidades imediatas.

Neste livro pretendo aprofundar o alcance das transformações sociais e culturais causadas por esses vetores tecnológicos do capitalismo global. Procuro investigar como esse capitalismo, na atual modalidade de estruturação social, poderá conviver com os radicais choques futuros da automação, da tecnologia da informação e da biotecnologia. Questiono se os países centrais – em especial a nação hegemônica norte-americana – terão condições de impor e controlar as formas e conteúdos do processo de reprodução social e manter o poder econômico derivado das altas taxas de acumulação obtidas pelos processos de concentração e pelo domínio das novas tecnologias, ainda que convivendo com impasses na oferta de empregos e na distribuição da renda, causadores de crescentes desequilíbrios sociais.

As revoluções tecnológicas nas áreas do átomo, da informação e da genética desenvolvem-se num estado de vazio ético no qual as referências tradicionais desaparecem; os fundamentos ontológicos, metafísicos, religiosos se perderam. O homem tornou-se perigoso para si mesmo, constituindo-se, agora, em seu próprio risco absoluto. Na verdade, um claro paradoxo se instala nas sociedades pós-modernas. Ao mesmo tempo que elas se libertam das amarras dos valores de referência, a demanda por ética e preceitos morais parece crescer indefinidamente. O homem é livre quando faz apenas o que sua razão escolhe. Mas ela precisa ser orientada por valores que não estão mais disponíveis. Busco, neste livro, pesquisar uma ética para os novos tempos, necessária e possível, que possa introduzir o *dever* onde tudo é *poder*. E lançar questões sobre como o Estado poderia recuperar sua condição de efetivo representante da vontade da sociedade civil, radicalizada e ampliada, de modo a constituir-se em nova hegemonia a serviço do efetivo desenvolvimento da humanidade e de sua preservação futura.

Minha gratidão a Celso Lafer e Alfredo Bosi por seus comentários e críticas valiosas. As sugestões de Fábio Villares foram muito úteis.

Fico a dever pelo estímulo recebido, em especial, dos meus companheiros do Instituto de Estudos Avançados da USP.

1
Capitalismo global e o mito do progresso

A hegemonia das nações e a liderança das grandes empresas nas cadeias produtivas globais têm como fator determinante a capacidade de inovação. Ela permite articular e organizar a produção mundial em busca da composição mais eficiente de trabalho, capital, conhecimento e recursos naturais. A nova lógica do poder se assenta sobre confrontação e competição, baseando-se na combinação de uma série de estratégias nos campos militar, econômico, político, ideológico e cultural. Seus componentes fundamentais são o controle da tecnologia de ponta, dos recursos essenciais e da força de trabalho. A liderança tecnológica, no entanto, é a que define a condição hegemônica dos Estados e empresas, pois é por seu intermédio que se impõem os padrões gerais de reprodução e multiplicação da acumulação. Se ela puder combinar-se com a ampla disponibilidade de força de trabalho e de matérias-primas estratégicas, está completada uma condição central para o exercício da hegemonia.

O capital, como elemento adicional para sua valorização, vem utilizando as novas tecnologias flexíveis e abertas para aproveitar a diversidade do mercado de trabalho internacional. Para tanto, dadas as possibilidades de ampla fragmentação geográfica das cadeias produtivas permitidas pela tecnologia da informação, é possível utilizar os grandes bolsões de mão de obra barata existentes nos países da periferia sem ter de arcar com suas infinitas demandas de *welfare* e sua capacidade de gerar tensões sociais nos países centrais, caso estes tivessem que absorvê-las em seu território. Esses bolsões acabam mantidos em seus países de origem e são os demais fatores de produção – capital, tecnologia e materiais, todos cada vez mais móveis – que se deslocam, incorporando seu baixo custo a uma etapa específica de produção e, finalmente, ao produto final.

Quanto aos recursos naturais, fonte principal – em vários casos quase única – de receitas de exportação dos países da periferia, estão submetidos a uma crescente deterioração de seu poder relativo de troca, com as exceções de raros momentos da história em que a organização de cartéis permitiu algum poder de barganha a esses países, como no caso do petróleo. Ou são submetidos a sutis e intensos processos de pirataria, como no caso dos recursos biológicos de florestas nativas em várias partes do mundo. É preciso recordar que as novas dimensões abertas pela computação e pela bioengenharia alteraram fundamentalmente o conceito de apropriação dos recursos naturais. A desagregação e o processamento dos códigos genéticos revalorizou grandes reservas biológicas, como a Amazônia e o sudeste do México, convertendo-as em valiosíssimas fontes de códigos de informação genética. O mesmo acontece com minerais e terras raras utilizados na produção de supercondutores e substâncias compostas. No entanto, esses países não têm mostrado condições de zelar para que seus recursos sejam transacionados por um preço que os reaproxime dos termos de troca com os produtos da nova tecnologia.

Com o fim da guerra fria e da corrida espacial, cessaram os grandes fluxos de investimentos específicos para desenvolvimento tecnológico direcionados por parte dos Estados nacionais, especialmente Estados Unidos e União Soviética. A partir de então, além de uma sensível redução desses recursos, o papel dos Estados nacionais na definição da direção dos vetores tecnológicos tornou-se marginal. Embora estime-se que cerca de 35% dos gastos totais em ciência e tecnologia nos Estados Unidos (cerca de 2,5% do PIB contra apenas 1% do Brasil) ainda sejam patrocinados pelo governo, neles incluídos estímulos e incentivos especialmente para fundações e universidades, a direção do desenvolvimento tecnológico passou a ser determinada basicamente pelo setor privado. Assim, transformados em fator fundamental da disputa dos mercados e da acumulação capitalista global, os vetores tecnológicos se autonomizaram definitivamente de maiores considerações de natureza social ou de políticas públicas. Em outros termos, o capital apossou-se por completo dos destinos da tecnologia, libertando-a de amarras metafísicas e orientando-a única e exclusivamente para a criação de valor econômico. E transformou as legislações locais e internacionais de marcas e patentes em instrumentos eficazes de apropriação privada das conquistas da ciência, reforçando os traços concentradores e hegemônicos do atual desenvolvimento tecnológico.

Duas vitais questões atuais no domínio do controle da utilização das novas tecnologias podem bem exemplificar essa questão. Uma delas é o projeto Genoma, a outra, é a discussão sobre o controle da *internet*. O projeto Genoma Humano, a mais ambiciosa tentativa de mapear a completa decodificação do DNA do homem, com imensas repercussões positivas e enormes riscos para o futuro da espécie, tem sido desenvolvido em paralelo por iniciativas públicas e privadas, o que pode ameaçar seriamente a possibilidade de manter a genética humana sob domínio da própria sociedade. Quanto à *internet*, a sua manutenção como um veículo público de socialização das informações, ao lado do seu inevitável e revolucionário uso comercial, irá depender de como sua regulação será efetivada pela sociedade.

É preciso lembrar também a enorme batalha em curso quanto à questão das patentes. A lei das patentes que os Estados Unidos tentam impor à comunidade internacional, como condição de integração ao comércio global, inibe fortemente a tentativa de conquista de progresso tecnológico nos países periféricos fora do âmbito das grandes corporações transnacionais. Como exemplo, alterações na Lei das Patentes efetuadas pelo governo brasileiro – dentro dos estritos limites do Acordo Internacional de Patentes firmado pelo país em 1994 no âmbito da Organização Mundial de Comércio (OMC) – tiveram a mais intransigente reação das empresas farmacêuticas internacionais e do próprio governo norte-americano. No entanto, são medidas defensivas já adotadas em vários países centrais, que visam especialmente flexibilizar situações draconianas fortemente impeditivas da sobrevivência de empresas locais do setor.

A tecnologia acabou se transformando basicamente em expressão da competição global, objetivando ampliar a participação nos mercados globais e a acumulação para, por sua vez, permitir novos investimentos em tecnologia e realimentar o ciclo de acumulação. Estabelece-se, portanto, o esquema clássico do progresso técnico como necessidade inalienável do capital e uma de suas fatalidades. Na metáfora marxista, ao promover sua expansão o capital cria condições para sua destruição; assim, tem de estar continuamente superando as barreiras que ele mesmo estabelece, ainda que gerando outras em nível superior. Ana Esther Ceceña diz que "o paradoxo do capitalismo é a impossibilidade de alcançar a abolição do trabalho assalariado e a extração da mais-valia como fonte de ganhos sob o risco de negar-se a si mesmo. Assim, a redução relativa do trabalho nos espaços fabris se compensa com sua ampliação e diversificação nos espaços em domicílio ... bem como a readequação do exército industrial de reservas que esse processo induz. A delimitação técnica do processo de automação, que aparece como última razão da organização social contemporânea, não é senão outra expressão do fetichismo próprio de uma sociedade fundada na contradição. O paradigma tecnológico é um sistema integrador e sancionador da dominação conforme uma racionalidade técnica que tenderia a fazê-lo inquestionável, impessoal e de validez universal".

A abordagem de Ceceña merece ser expandida. Ela limita a riqueza da análise por considerar que a extração da mais-valia só se faz por meio do trabalho assalariado – trabalho formal – e não por outras formas da relação capital–trabalho, já existentes desde os primórdios do capitalismo e hoje amplificadas pela tecnologia, envolvendo trabalho flexível, terceirizações e parcerias variadas dentro da nova lógica das cadeias produtivas globais. De toda maneira, é certo que a flexibilidade propiciada pelas novas tecnologias tem permitido que o processo de geração de excedente no capitalismo atual não mais se restrinja à jornada de trabalho, invadindo os demais momentos do cotidiano do trabalhador, o que cria a ilusão de que o capital aproxima-se do trabalho ao não mais exigir cartão de ponto e ao remunerá-lo por resultado. Na verdade, a flexibilidade propiciada pelas novas tecnologias rompeu as limitações impostas pelas dimensões espaço/tempo, destruindo a verticalização da produção e fragmentando o trabalho para longe de um único espaço físico.

O capitalismo global tem contornado de maneira provisoriamente eficaz as restrições da demanda pelo lado da renda nominal. O aumento de eficácia e os enormes ganhos gerais de produtividade por conta da incorporação das novas tecnologias de produto, processo e gestão têm conseguido, marginalmente, incorporar continuamente novos mercados não mediante o aumento de renda, mas pela queda do preço real – ou por unidade de conteúdo tecnológico – de vários produtos globais. É o caso típico das passagens aéreas e dos *lap-tops*. Apesar da vitalidade das grandes corporações transnacionais, que prosperam por meio de inovação tecnológica, fusões e aquisições, a taxa média de crescimento da economia mundial está em declínio. Segundo dados do Banco Mundial, de um valor médio anual de 4,1% entre 1965 e 1980, ela involui para 3,1% nos anos 80 e 2% na última década do século. Atualmente, entre os países centrais apenas os Estados Unidos mantêm-se com altas taxas de crescimento. Esta tendência foi concomitante a uma concentração de renda geral, inclusive nos Estados Unidos, onde no período 1977-1989 (segundo dados do Congresso norte-americano) a renda disponível de 1% das famílias de maior renda aumentou 102%; a de famílias de renda média caiu 5%; e a de 20% de famílias de renda baixa reduziu-se em 10%.

Roberto Lavagna nota que essa situação de redistribuição regressiva afeta não só a renda interna dos países como também aquela entre países e entre blocos. E aponta para a progressiva desconexão entre a esfera real, produtiva, e a esfera puramente financeira. Ele lembra que a "insuficiência da demanda efetiva e maior produtividade pelo lado da oferta, aumentos de produtividade que não chegam a distribuir-se socialmente de forma ampla, determinam um ritmo de crescimento menor e um efeito-pinça sobre o uso da mão de obra que conduzem à situação de desemprego estrutural existente". Como se vê, apesar desses avanços extraordinários, há indícios de que um esgotamento da própria dinâmica de acumulação capitalista possa vir a ocorrer, por conta de uma eventual crise de demanda.

2
O atual ciclo de acumulação e suas contradições

Fernand Braudel afirmava que as características essenciais do capitalismo sempre foram flexibilidade ilimitada, capacidade de mudança e profunda adaptação. De fato, em vários momentos, o capitalismo pareceu especializar-se. Seu deslocamento maciço para a indústria, no século XIX, é um bom exemplo. Os historiadores chegaram a imaginar que essa fosse sua identidade final e verdadeira.

Numa leitura marxista, tudo está contido na clássica fórmula DMD'. O capital–dinheiro (D), garantindo liquidez, flexibilidade e liberdade de escolha, investe numa determinada combinação de insumos que se transforma em uma mercadoria (M) visando ao lucro; isso significa uma temporária rigidez e estreitamento de opções; D' representa a ampliação da liquidez com a incorporação do lucro ao capit al–dinheiro. Em síntese, a preferência capitalista é pela liquidez. Braudel a chama de vocação para a "expansão financeira", significando um sintoma de maturidade de determinado ciclo capitalista. Ele lembra a retirada dos holandeses do comércio no século XVIII, transformando-se nos banqueiros da Europa. O mesmo ocorreu com os ingleses no início do século XX, em razão do enorme excedente financeiro criado pela Revolução Industrial. Estão os Estados Unidos, país hegemônico do fim do século XX, seguindo pelo mesmo caminho? O salto qualitativo da tecnologia da informação tem gerado derivações no modelo. No entanto, estaria o atual excedente – alavancado pelos lucros excepcionais de certas corporações transnacionais – financiando a expansão da nova economia na nova fronteira tecnológica ao mesmo tempo que mantém em contínua ascensão os preços "irreais" das ações das empresas tecnológicas? E o famoso capital volátil, em seu conceito mais amplo, não se constitui em mero excesso de capital, liberado das atividades produtivas pelo aumento geral de eficiência?

Karl Marx nos convidava a abandonar por algum tempo a esfera ruidosa da circulação, na qual tudo acontece às claras, e penetrar o domicílio oculto da produção, encimado por uma placa com os dizeres: "É proibida a entrada, exceto a negócios". Ele garantia que ali desvendaríamos o segredo da geração do lucro. Braudel nos desafiou, também, a deixar por um momento a transparente economia de mercado e acompanhar o dono do capital até o andar de cima, onde ele se encontra com o dono do poder político. Lá, acreditava que descobriríamos o segredo da obtenção dos grandes e sistemáticos lucros que permitiram ao capitalismo prosperar e expandir-se continuamente durante mais de quinhentos anos. É ali que, segundo ele, reside o "antimercado", circulam os grandes predadores e vigora a "lei da selva".

Hoje a questão tornou-se mais complexa. No andar de cima potencializa-se a acumulação pelo grau de inovação, pela possibilidade de fragmentação das cadeias produtivas globais e pela enorme autonomia da tecnologia, esta última finalmente liberta de suas amarras éticas ou sociais, antes teoricamente representadas pelo papel mais atuante dos Estados nacionais. Parte significativa dos cientistas dos laboratórios de pesquisa das universidades internacionais hoje se dedica ao desenvolvimento de tecnologia para as grandes corporações globais que, se de um lado procuram criar produtos que respondam a demandas do mercado, de outro, têm a obrigação de estabelecer a taxa de retorno do investimento dos seus acionistas como critério central na definição de seus objetivos. Se a consequência desse desenvolvimento for, por exemplo, um maciço aumento do desemprego por conta da radical automação no setor de serviços, este ônus passa a ser transferido para a sociedade, tenha ela ou não estrutura para lidar com a questão.

Se examinarmos a evolução mais recente do capitalismo mundial, notamos que o fim da década de 1960 começou a evidenciar uma excessiva acumulação do capital. Os processos fordistas, que consolidaram a Revolução Industrial, haviam reduzido fortemente os custos via produção em série e em grande escala. A partir da Segunda Guerra, esse modelo utilizado pelas grandes corporações norte-americanas espalhou-se pelo mundo inteiro, convertendo-se em novo paradigma tecnológico. A expansão da acumulação gerada pela eficiência desse modelo levou a uma excessiva concentração de capital fixo em torno das linhas de montagem. Rentabilidade e competição estavam diretamente relacionadas à escala de produção e à contínua renovação dos equipamentos que, quando obsoletos, eram utilizados na periferia do sistema, como no caso da implantação da indústria automobilística no Brasil. Essa situação gerou uma capacidade geral de produção superior à demanda dos mercados.

As reconstruções japonesa e europeia, aliadas à forte organização da classe trabalhadora em nível mundial, acabaram acarretando a redução das taxas de lucro e certa descapitalização das corporações. O primeiro sinal de alerta foi a forte elevação dos preços do petróleo após a crise dos anos 80 envolvendo os países produtores. A retomada do ciclo de acumulação passou a exigir saltos tecnológicos radicais, aumento de eficiência e, especialmente, o barateamento das matérias-primas e da força de trabalho. A questão do petróleo foi tão crítica que, dada a sua importância em todo o ciclo produtivo, os Estados Unidos tomaram a medida radical de romper a resistência dos fornecedores mundiais e a incorporar o México como supridor fora da Opep.

A redução dos custos salariais, elemento fundamental para um novo equilíbrio da equação do capital, acabou sendo alcançada pela fragmentação das cadeias produtivas, progressivamente viabilizada pela incorporação dos avanços da tecnologia da informação. Esse recurso permitiu novo desenho e distribuição espacial dos processos produtivos, possibilitando ao capital alternativas para incorporar as reservas de mão de obra barata dispersas pelos países da periferia.

O capitalismo atual é alimentado pela força de suas contradições. De um lado, a enorme escala de investimentos necessários à liderança tecnológica de produtos e processos – bem como a necessidade de *networks* e mídias globais – continuará forçando um processo de *concentração* que habilitará como líderes das principais cadeias de produção apenas um conjunto restrito de algumas centenas de empresas gigantes mundiais. Essas corporações decidirão basicamente *o que*, *como*, *quando*, *quanto* e *onde* produzir os bens e os serviços (marcas e redes globais) utilizados pela sociedade contemporânea. Ao mesmo tempo, elas estarão competindo por redução de preços e aumento da qualidade, em um jogo feroz por *market share* e acumulação. Enquanto essa disputa continuar gerando lucros e expansão, parte da atual dinâmica do capitalismo estará preservada. Simultaneamente, esse processo radical em busca de eficiência e conquista de mercados força a criação de uma onda de *fragmentação* – terceirizações, franquias e informalização –, abrindo espaço para uma grande quantidade de empresas menores que alimentam a cadeia produtiva central com custos mais baixos. Tanto na sua tendência de concentrar como na de fragmentar, a competição opera como o motor seletivo desse processo.

De outro lado, a contradição que alimenta o capitalismo contemporâneo é a da *exclusão versus inclusão*. De um lado, o desemprego estrutural crescente comprova a incapacidade progressiva de geração de empregos formais em quantidade e qualidade adequadas. De outro, o capitalismo atual também garante sua dinâmica porque a queda de preço dos produtos globais inclui continuamente mercados que estavam à margem do consumo por insuficiência de renda. Não é à toa que alguns dos maiores crescimentos de várias empresas globais de bens de consumo têm sido registrados nos países periféricos da Ásia e da América Latina, onde se concentra grande parte do mercado dos segmentos mais pobres da população mundial.

Uma boa ilustração dessa dinâmica pode ser encontrada na lógica das *maquiladoras* mexicanas, modelo que se espalhou por todo o mundo, provando a eficácia da mobilidade espacial do capital produtivo. As estratégias de competição baseadas na flexibilidade locacional dos outros fatores de produção que não o trabalho levaram, no extremo, à indústria *maquiladora*. Ela representou uma alternativa paralela, rápida e eficiente para os lentos e custosos processos de pesquisa e aplicação produtiva de inovações tecnológicas de mais profundidade, que iriam reforçar a liberação de capital para o desenvolvimento técnico de alto impacto. Passou a ser viável – mediante o controle com ferramentas da tecnologia da informação, operando em tempo progressivamente real e a baixo custo de transmissão – transferir para as regiões subdesenvolvidas as fases mais empregadoras de mão de obra, ou que implicavam manejo de substâncias tóxicas proibidas em seus países de origem, ou ainda passíveis de evasão ou maior flexibilidade fiscal. Isso representa uma diferença com respeito à estratégia anterior de recriação do processo por meio de filiais. De um lado, desestruturam-se as organizações sindicais mediante ondas sucessivas de desemprego maciço; de outro, liberam-se recursos em abundância para alimentar o fundo de acumulação e reconversão tecnológica. Adiante, retornarei a esses pontos.

No caso paradigmático do México, Ceceña fez o cálculo aproximado da economia obtida pelas empresas dos Estados Unidos com o deslocamento de algumas de suas atividades para aquele país, adicionando competitividade a grandes corporações norte-americanas. São impressionantes os enormes benefícios que esse processo acarretou aos líderes das cadeias globais que utilizaram o México como base para a incorporação de mão de obra barata a seus processos produtivos. Em 1990, a diferença da remuneração básica por hora para trabalhos de pouca qualificação entre os dois países havia chegado a quase dez vezes (US$ 14,90 nos Estados Unidos contra US$ 1,64 no México). Somente em 1994, os "ganhos" sobre o trabalho – comparados com a alternativa de utilização de mão de obra local norte-americana – atingiram mais de US$ 16 bilhões. As informações disponíveis após 1994 indicam uma evolução geométrica desses "ganhos". Diante de um quadro grave de desemprego estrutural, o espaço para o avanço das *maquiladoras* foi excepcional. As costas, as fronteiras e os corredores geográficos de muitas regiões do mundo foram invadidos por esse tipo de atividade. O objetivo estratégico era um processo vinculado, mas disperso geograficamente, para aproveitar as vantagens da diferenciação ou heterogeneidade estrutural e social. Por outro lado, para controlar todas as fases de transformação da cadeia produtiva global e garantir sua compatibilidade foram necessárias novas formas de comunicação e processamento das informações, o que significou a necessidade de radicalização de um novo paradigma tecnológico já viável com a pesquisa básica desenvolvida na microeletrônica e nas telecomunicações.

Por sua vez, o impacto desses processos foi tão intenso que acabou provocando um novo paradigma social de aumento da concentração de renda e maior precarização do mercado de trabalho. Nos anos 70, com a incorporação maciça de tecnologias aos processos produtivos, operou-se uma forte alteração na correlação de forças entre as classes sociais. A partir do início da década de 1980, o conflito entre capital e trabalho passou a apresentar uma nova situação estrutural. Em primeiro lugar, emergiu um novo padrão de acumulação pelo uso de capital intensivo em substituição ao trabalho intensivo. Quando o modelo de acumulação se baseava no uso de mão de obra intensiva, a situação era mais favorável aos trabalhadores, pois os empresários precisavam do trabalho de grandes massas de trabalhadores/consumidores. Agora, os sindicatos perdem sua força central e o desemprego estrutural passa a funcionar como disciplinador nato da força de trabalho. Dessa forma, com a marcha da automação e – posteriormente – da fragmentação, o poder de barganha dos assalariados passou a sofrer grande erosão.

A flexibilidade conseguida pelo atual modelo racionaliza o uso do capital, colocando-o onde as melhores condições de mercado apontam. É cada vez menor a simetria entre a flexibilidade das condições de produção e as exigências de sobrevivência dos trabalhadores. Pode-se produzir mais ou menos, aqui ou ali, pois a programação da produção por meio da informática e a transmissão de dados em tempo real o permitem. Por conta disso, o trabalhador vive a instabilidade de poder estar ora dentro, ora fora do mercado de trabalho ou, mesmo estando dentro, insere-se a partir de distintos graus de informalidade.

A rearticulação das empresas levou a uma inadequação das estruturas trabalhistas e forçou uma tentativa malsucedida de recomposição dos sindicatos. As novas limitações são imensas, a começar pela coexistência, em uma mesma fábrica, de trabalhadores da empresa central e das terceirizadas, frequentemente com salários e condições de trabalho diferentes, quebrando, por exemplo, a isonomia de sua situação de classe do período anterior. Na prática, as empresas têm tido condições de se reordenar com maior flexibilidade e rapidez diante das exigências dos novos padrões de acumulação.

As novas formas de organização do trabalho, mais flexíveis e menos hierarquizadas, colocaram um desafio vital para os sindicatos: como aglutinar em projetos político-sindicais comuns trabalhadores cada vez mais dispersos e em situação progressivamente precária? Apresentam-se dificuldades crescentes em gerenciar acordos coletivos e encontrar uma linguagem comum para interesses divergentes, especialmente em relação aos trabalhadores em postos flexíveis, que percebem os sindicatos como um clube de privilegiados preocupados em manter esses privilégios.

Por outro lado, a globalização e a inovação tecnológica reduzem a capacidade de manobra dos Estados e dos sindicatos. A mobilidade do capital e a possibilidade de alocar segmentos da cadeia produtiva em outras regiões desestabilizam a estrutura dos salários, deslocando a concorrência para fora da esfera nacional. Uma recente pesquisa efetuada em seiscentas empresas dos Estados Unidos revelou que, em 50% dos casos, elas utilizaram o argumento de transferência da produção para outros locais como pressão sobre os sindicatos. Em 10% daqueles casos a ameaça foi cumprida e uma parte da produção foi transferida para o México.

As grandes empresas se transformaram no fulcro do debate político sobre a competitividade e a criação de empregos. Há mudanças profundas na organização do trabalho (das tarefas rotineiras e fragmentadas para o trabalhador polivalente e interdependente), com ênfase colocada na produção integrada, de qualidade, voltada a demandas específicas, e não mais à produção em massa. Uma grande variedade de novas formas de organização é utilizada: especialização flexível; organização com alto compromisso; sistemas de trabalho de alta *performance*; *lean production*; redução dos níveis hierárquicos; descentralização e equipes de trabalho autônomas.

Essas novas formas levam a uma diminuição dos trabalhadores em tempo integral – com perspectivas de longa carreira – e à expansão da utilização de pessoal temporário. As políticas de participação direta dos trabalhadores na gestão localizada da produção e nos seus resultados, baseadas nas novas formas de organização do trabalho, incrementam interesses comuns dos empregados formais com a gerência, mas os trabalhadores flexíveis não se identificam com esse tipo de interesses. Uma vez que os sindicatos estão mais próximos de cobrir as necessidades dos trabalhadores formais, os outros se distanciam cada vez mais de suas organizações de classe. Em síntese, a radical mudança no paradigma do trabalho torna progressivamente mais flexível o emprego tradicional e faz explodir a informalidade. Como consequência de todos esses fatores, a disparidade de renda está crescendo; e a pobreza, o desemprego e o subemprego estão engrossando a exclusão social.

3
Tecnologia da informação e hegemonia norte-americana

O novo paradigma tecnológico construiu-se pondo à prova e renovando estratégias e mecanismos de supremacia, liderança e hierarquização, redefinindo as condições gerais da hegemonia econômica mundial. As rígidas escalas e verticalidades acabam sendo substituídas por mobilidade, flexibilidade e versatilidade. Microprocessadores são incorporados à maquinaria tradicional, permitindo um grau progressivamente maior de automação, autossupervisão, autocorreção e independência ante os operários. Códigos de processamento intelectual básicos são incorporados e funcionalizados. Se, de um lado, isso obriga algum treinamento técnico, cria-se uma certa banalização desse treinamento, fácil de ser apreendido por qualquer trabalhador com um mínimo de qualificação; trata-se de um esforço semelhante a treinar alguém para operar um videocassete ou, mais recentemente, um telefone celular.

Em consequência, a diversificação de postos e categorias funcionais cresce simultaneamente à simplificação geral do trabalho; em outros termos introduz-se, em patamar tecnológico muito superior, as velhas questões referentes à alienação do trabalho. Multiplicam-se os postos de trabalho em desenho e controle, mas as qualificações tendem a se padronizar. Isso permite estender o uso da maquinaria para os segmentos menos qualificados do mercado de trabalho e ampliar o âmbito da substituição do capital. Atividades propícias à fragmentação geográfica ficam submetidas a estilos de trabalho similares e os espaços domésticos incorporam crescentemente o uso de máquinas.

O computador modifica as características do processo de produção em vários sentidos. No terreno internacional, permite manter a integridade dos processos mediante os intercâmbios permanentes de informação e fragmentação geográfica. O trabalho a distância rompe suas fronteiras e se difunde na sociedade como um todo. Mediante os terminais de computadores, inclusive os domiciliares, integrados por redes, pode-se constituir um espaço de trabalho adequado e articulado com qualquer outro lugar.

No início, as tecnologias da informação depararam com uma série de limitações. No entanto, o desenvolvimento vertiginoso de *softwares*, a difusão maciça da informática, o computador pessoal e os *kits* para instalação de programas foram um instrumento de rápida implantação de novos parâmetros para o exercício da liderança tecnológica, do poder e da hegemonia econômica nesta nova etapa do capitalismo, agora efetivamente global. Com isso, aumenta-se a escala dos ganhos e acelera-se a amortização das inversões tecnológicas estimulando-se, por sua vez, a criatividade para manter o ritmo das inovações.

Esses fatores geram mudanças não somente no modo como se realizam a produção e as atividades econômicas em seu conjunto mas também na cultura e na maneira como se organiza e se concebe a vida em geral. A integração do espaço doméstico à lógica do trabalho em rede é fundamental para ampliar mercados e lucros e para formar os trabalhadores correspondentes a esta nova forma de produção e reprodução social. De acordo com Ceceña, "o trabalho em domicílio expande os limites da jornada de trabalho. A distribuição do tempo entre as atividades domésticas e as laborais se dilui e as primeiras tendem a ocupar os intervalos deixados pelas segundas. A fábrica se translada em direção aos espaços íntimos e privados do trabalhador e estabelece um novo uso do espaço doméstico e do tempo. A presença do trabalhador em um lugar de trabalho coletivo deixa de ser o elemento de controle e se abre a possibilidade de ir gerando diversas formas de precarização do trabalho, de informalização das relações trabalhistas e de desagregação e diferenciação do efetivo operário a partir do conteúdo de seu trabalho e da individualização de sua tarefa".

A mobilidade do capital acaba, pois, por adquirir novas dimensões. A quantidade e a diversidade dos processos passíveis de serem controlados e sua escala e universalidade têm no computador e nas telecomunicações o elemento integrador desses enlaces. Os sistemas de codificação incorporam o processo produtivo ao computador. Ele próprio passa a conter, como lógica intrínseca, a linguagem ou os mecanismos de ligação básicos entre o homem e a máquina. Programas padronizados passaram a permitir a não especialistas efetuar operações complicadas com as máquinas, sem exigir uma formação específica para cada caso e conforme opções predeterminadas. Isso reduziu custos trabalhistas, ampliou o mercado de trabalho para essas atividades e incrementou a produtividade com a velocidade da operação, a confiabilidade dos resultados e o controle das possíveis dispersões. A venda de *softwares* em *kits* combinados garantiu a interface de programas incompatíveis ou dispersos, agrupando diferentes tipos de tarefas e integrando conhecimentos. A introdução do tempo real na transmissão de dados permitiu, finalmente, reduzir drasticamente o tempo em que o capital permanece fora de seu ciclo de reprodução. Quanto menores os espaços não produtivos na jornada de trabalho, maiores as possibilidades de valorização do capital, pelo menos até o limite da demanda disponível para sancionar novos níveis de produção.

Em um mundo no qual os processos produtivos alcançaram uma integração planetária, a hegemonia econômica consiste na capacidade de determinar como se organiza e se leva ao cabo essa produção. Durante os primeiros anos dessa mudança de paradigma tecnológico, o terreno de inovação estava relativamente livre e a disputa para ocupar lugares de vanguarda foi muito acentuada. Os aparentes enormes avanços da tecnologia, principalmente no Japão – com sua enorme criatividade para diversificar aplicações básicas e sistemas de organização que incorporavam sistematicamente a experimentação prática, juntamente com a disciplina de sua força de trabalho –, pareciam converter esse país num provável líder da área. Num primeiro momento de disputa, os norte-americanos lideravam a produção de microprocessadores, enquanto as empresas japonesas comandavam a de memórias. Mas a luta mais importante da IBM não foi com capitais japoneses e sim com o fabricante do Macintosh (Apple), com o qual acabou obrigada a buscar compatibilidade apesar de sua reconhecida qualidade de operação e certa superioridade técnica em alguns aspectos.

Na prática, o mundo todo acabou dependente dos produtos da IBM e dos tradutores Microsoft, esta última com a vantagem de cobrir toda a gama das tecnologias de automatização e de ser a geradora de conhecimentos básicos. Assim, essa associação possibilitou manter uma relação funcional entre seus desenhos de *hardware* e *software*, e teve a capacidade de impô-los no mercado. Finalmente, a enorme escala do consumo das tecnologias da informação nos Estados Unidos seguramente favoreceu as atividades de suas próprias grandes empresas nessas áreas. No conjunto dos produtos informáticos, seu mercado é atendido em 90% por empresas norte-americanas, mais especialmente IBM e Microsoft.

O caso das telecomunicações é especial por se tratar de uma área de importância estratégica não apenas em termos do processo de reprodução global mas também das relações de poder e controle militar. O mundo de hoje se encontra interconectado e emitindo permanentemente mensagens que o percorrem de um extremo ao outro. A informação tem se convertido em um componente indispensável da reprodução econômica e dos ganhos de competitividade. Ceceña lembra que "o desenvolvimento e a liderança na tecnologia da informação constituem uma garantia de supremacia em muitos sentidos: são um meio de circulação de todos os conhecimentos científicos e práticos que podem ser aproveitados para usos industriais ou de ciência aplicada; são o meio mais rápido de conexão entre produção e mercado e, portanto, de eliminação de estoques; contribuem para a valorização mais ágil do capital mediante a rapidez de seus movimentos, sejam especulativos ou produtivos; e representam a alternativa mais eficaz de fuga dos conflitos de classe pelas possibilidades de transmitir disposições precisas e concretas dos processos de trabalho".

Finalmente, a conexão por meio de redes globais constituiu--se no elo final desse novo paradigma. Diferentes tipos de redes, somados à vanguarda da *internet*, garantem a vinculação entre a produção da ciência e os espaços de seu uso. A quantidade e a qualidade das ideias que circulam pela Internet proporcionam um espectro geral do "estado da arte" nos diferentes campos e viabilizam o caminho para a apropriação dos conhecimentos. Por outro lado, uma das proposições básicas na "nova economia" é o pressuposto da fonte inesgotável de lucros provocada pelas redes. Paul Krugman cita a chamada *Lei de Metcalfe*, que garantiria ser a utilidade de uma rede proporcional ao número de pessoas que a ela se conectam elevado ao quadrado, dado que este é o número das possíveis direções de comunicação.

Como registra Manuel Castells, as funções e os processos dominantes na era da informação estão cada vez mais organizados em torno de redes. Rede é um conjunto de nós interconectados. Nó é o ponto no qual uma ou mais curvas ou fluxos se encontram. São redes os fluxos financeiros globais; a teia de relações políticas e institucionais que governa a União Européia; o tráfico de drogas que comanda pedaços de economias, sociedades e Estados no mundo inteiro; a rede global das novas mídias, que define a essência da expressão cultural e da opinião pública. Elas constituem a nova morfologia social de nossas sociedades, e a difusão de sua lógica altera radicalmente a operação e os resultados dos processos produtivos e o estoque de experiência, cultura e poder. Nas redes, o poder desloca-se para os que detêm o controle dos fluxos. Ordenar uma rede, estar presente nela e operar a dinâmica de sua inter-relação com outras redes define as estruturas de dominação e transformação de nossa sociedade. Na rede, prioriza-se a morfologia social sobre a ação social.

A inclusão ou exclusão nos sistemas de redes e a arquitetura das relações entre eles, possibilitada pelas tecnologias da informação operando em tempo real, definem os processos e as funções que controlam aspectos centrais em nossas sociedades. Castells acha que "uma estrutura social com base em redes é um sistema aberto altamente dinâmico suscetível a inovações sem ameaças ao seu equilíbrio; e as redes são instrumentos apropriados para a economia capitalista baseada em inovação, globalização e concentração descentralizada". Embora não me pareça que um sistema dinâmico possa evoluir sem contínuos desequilíbrios, eles próprios motores dessa evolução, a adequação do sistema de redes à fase atual do capitalismo global parece evidente. É preciso ressaltar, no entanto, que liderar a morfologia das redes é, antes de tudo, reorganizar e controlar as relações de poder na sociedade pós-moderna. As conexões que ligam as redes – como fluxos financeiros assumindo o controle de impérios de mídias que, por sua vez, influenciam os processos políticos – representam os instrumentos privilegiados do poder. A nova economia está organizada em torno de redes globais de capital, gerenciamento e informação. As corporações e a sociedade norte-americanas, que hoje lideram essas tecnologias, como decorrência dominam ferramentas-chave para a produtividade e a competitividade na era da informação.

A sociedade em rede é, por enquanto, uma sociedade capitalista fortemente centrada na dinâmica dos Estados Unidos, que controlam e desenvolvem a maioria das tecnologias envolvidas na dinâmica das redes globais. Mas esse capitalismo é profundamente diferente de seus predecessores históricos. Ele é global e está estruturado, em grande medida, por uma rede de fluxos financeiros. O capital funciona globalmente como uma unidade em tempo real; é percebido, investido e acumulado principalmente na esfera de circulação, isto é, como capital financeiro. Mas qualquer lucro, como aponta Castells, "é revertido para a meta-rede de fluxos financeiros, na qual todo o capital é equalizado na democracia da geração de lucros transformada em *commodities*. Nesse cassino global eletrônico capitais específicos elevam-se ou diminuem drasticamente, definindo o destino de empresas, poupanças familiares, moedas nacionais e economias regionais. O resultado na rede é zero: os perdedores pagam pelos ganhadores".

Os lucros acumulados da nova economia fertilizam as redes financeiras globais, que realimentam o processo de acumulação. Capital financeiro, alta tecnologia e capital industrial tornam-se cada vez mais interdependentes. O capital tende a fugir do seu espaço de pura circulação, fertilizando o desenvolvimento tecnológico e o capital produtivo. No entanto, nessas redes de geometria variável, opera-se uma nova divisão internacional do trabalho, mais baseada nas relações atributos/capacidades/custos de cada trabalhador do que na organização e localização das próprias tarefas. Como consequência, inviabilizam-se cada vez mais as estruturas de entidades coletivas de trabalhadores, mergulhando-se nas lógicas individuais e flexíveis.

Os europeus foram reticentes ante a inovação da *internet* e tentaram o desenvolvimento de sistemas equivalentes. No entanto, a competência das empresas norte-americanas e a ampliação de suas próprias redes e usuários em todo o mundo foram até agora determinantes para garantir-lhes absoluta liderança. As próprias empresas transnacionais norte-americanas e sua superioridade econômica mundial foram os fatores principais para impulsionar a generalização da *internet*. Como consequência, em 1998 o peso do setor de novas tecnologias da informação no PIB dos Estados Unidos chegou a 8% (contra apenas 4% na França), tendo sido responsável por 33% de seu crescimento econômico no ano (contra 20% na França). Essa situação, por outro lado, acelera a concentração de riqueza. Segundo dados do Programa das Nações Unidas para o Desenvolvimento (PNUD), 20% de países mais ricos – que detêm 86% do PIB mundial – eram responsáveis por 93% da utilização da rede de *internet* em 1997. Enquanto isso, 60% dos países intermediários – responsáveis por 13% do PIB – encarregavam-se de apenas 6% do uso da rede mundial.

A superioridade tecnológica e a capacidade para irradiá-la e impô-la ao resto do mundo não pode medir-se somente em termos de liderança empresarial. O grau de intensidade de utilização das tecnologias da informação também indica o nível de exigência, a capacidade geradora de inovações e o peso geral dessas tecnologias no conjunto da sociedade. A esse respeito, é importante notar que os Estados Unidos são o espaço maior de sua aplicação, ainda que no caso de alguns produtos tecnológicos – em particular os robôs – o país possa ser relativamente superado pelo Japão. Os norte-americanos contam com o maior número de computadores instalados do mundo e, destes, mais de 50% estão conectados a algum tipo de rede.

Se é por meio da tecnologia que se obtém o controle da dinâmica do trabalho, se apropria e se concentra a riqueza mundial, os Estados Unidos – como espaço territorial, poder econômico das transnacionais nele sediadas e irradiador do padrão cultural dominante – conseguiram se colocar na vanguarda desse movimento e, apesar da evolução de seus competidores, traçar as linhas dominantes do processo mundial de globalização das cadeias produtivas. Como consequência, os norte-americanos foram responsáveis pela criação de cerca de 40% da adição de riqueza mundial em 1998, contra 25% da Europa ocidental e 21% de toda a Ásia.

Estamos diante do mais longo ciclo de crescimento econômico dos Estados Unidos, alcançando uma década ininterrupta e exigindo uma investigação mais profunda sobre as próprias teorias de ciclos econômicos. A questão sobre quando virá o declínio persegue o mundo todo e exige novas explicações. Parece evidente que a posição hegemônica daquele país, alimentada pela predominância do domínio tecnológico, é a principal diferença desse ciclo em relação a muitos outros ocorridos na América do Norte desde o fim da Segunda Guerra Mundial. O mais impressionante é que, no início deste novo século, os Estados Unidos ainda se veem experimentando uma enorme aceleração das inovações em direção ao aumento da produtividade e da taxa de acumulação de suas grandes corporações. Ainda que várias opiniões apontem para um ajuste futuro por conta dos desequilíbrios da chamada "nova economia", a consolidação da hegemonia é tão impressionante que permite a metáfora de um enorme e competente polvo, com seus tentáculos fortemente agarrados na tecnologia da informação, a alimentar-se dos mercados globais.

Na verdade, as evoluções da ciência acumuladas até a metade do século passado – e transformadas em novas tecnologias – têm provocado enormes mudanças no modo como bens e serviços são produzidos e, especialmente, no modo como eles são distribuídos ao consumidor final. A mais nova delas, que promete realimentar esse ciclo grandioso, está ligada à emergência extremamente rápida da *internet* e a efeitos ligados ao comércio eletrônico. Alan Greenspan lembra que o microprocessador, o computador, os satélites e a união do *laser* com a tecnologia de fibras ópticas – estimulados pela enorme e nova capacidade para disseminar informações nos anos 90 – continuarão garantindo impressionantes avanços técnicos que poderão ser encontrados em muitos aspectos da economia. Sua maior contribuição tem sido reduzir o número de horas de trabalho requeridas para a produção. No entanto, dada sua vibrante condição econômica e o fato de sediar a maioria das grandes transnacionais globais, muito mais oportunidades de emprego têm sido criadas do que destruídas nos Estados Unidos, diferentemente dos demais países. Assiste-se a uma visível aceleração do processo de "destruição criativa", migração do capital da tecnologia antiga para outras radicalmente novas e contínua realocação de capital por meio do próprio sistema econômico, possibilitando produtos financeiros originais que atendam a essas demandas.

Os principais avanços de eficiência da sociedade norte-americana têm sido no acesso à informação em tempo real, com a redução dos prazos e das horas de trabalho requeridas para a produção e entrega de toda sorte de bens, encurtando os ciclos de produção e a necessidade de capital. Etapas intermediárias de produção e atividades de distribuição estão sendo reduzidas em grande escala e, em alguns casos, eliminadas. Prazos de projetos e custos têm caído dramaticamente na medida em que a modelagem computadorizada tem eliminado a necessidade de grandes equipes de projetistas. A tecnologia da informação aumenta a produção por hora no total da economia especialmente por reduzir horas de trabalho nas atividades necessárias ao controle do processo produtivo, diminuindo as incertezas e as perdas. A relação entre fabricantes, comerciantes e seus clientes já está sendo radicalmente transformada pelo comércio eletrônico. As novas tecnologias possibilitam novos bens e serviços com maior média de valor adicionado por hora trabalhada, operando verdadeiras revoluções nas áreas de biotecnologia, *agribusiness* e medicina. Altera-se, também, a lógica do investimento de capital, ou seja, dos gastos que elevem a capacidade de produção futura e, consequentemente, o valor dos ativos de capital. O estímulo ao investimento tem sido garantido por taxas de retorno excepcionais em algumas áreas da nova economia que produzem alta tecnologia. O crescimento da produtividade nesse setor desde 1995 tem resultado em uma aceleração no declínio dos preços dos equipamentos, incluindo os de tecnologia mais recente, garantindo a possibilidade de investimento das empresas ansiosas em embarcar na onda de expansão. Produtores hesitam em aumentar preços por medo de que seus concorrentes sejam capazes, com os custos mais baixos resultantes dos novos investimentos, de arrancar fatias de seu mercado.

É preciso lembrar, também, que a redução das despesas militares com o fim da guerra fria liberou enormes recursos para maior produtividade do setor privado norte-americano. Finalmente, as crises econômicas globais de 1997 e 1998 reduziram os preços de energia e outros insumos-chaves dentro da produção e do consumo, ajudando a manter a inflação baixa. As altas taxas de retorno oferecidas pelas novas tecnologias têm aumentado a despesa com dispensa de pessoal, elevando os custos de realocação de trabalhadores em todo o mundo. Como é mais oneroso demitir trabalhadores na Europa e no Japão, as taxas de retorno sobre os mesmos equipamentos é correspondentemente menor naqueles países do que nos Estados Unidos. Finalmente, é preciso competência para reorganizar a produção e o processo de distribuição e, com isso, tirar vantagem das mais novas tecnologias. Sem dúvida, a combinação de fusões e aquisições inteligentes com alianças estratégicas está alterando dramaticamente a estrutura norte-americana de negócios.

Como vemos, vários fatores ligados ao desenvolvimento e ao uso das novas tecnologias acabaram permitindo aos Estados Unidos a consolidação de uma fase virtuosa que tem garantido a esse país um longo ciclo de crescimento – desigual se comparado ao restante da economia global –, consolidando sua hegemonia tenazmente construída a partir dos dois conflitos mundiais.

4
Sociedade-espetáculo, tecnologia e destruição

Na pós-modernidade, a utopia dos mercados livres e da globalização torna-se a referência. Mas o efêmero, o vazio, o simulacro, a complexidade e a crise flutuam como nuvens escuras. Sente-se um mundo fragmentado, seu sentido se perdendo nessas fraturas, com múltiplos significados, orientações e paradoxos. Ciência e técnica juntas não param de surpreender e revolucionar. Mas essa ciência vencedora começa a admitir que seus efeitos possam ser perversos. Ela é simultaneamente hegemônica e precária. Tudo se passa como se o ato de saber se tornasse cada vez mais obscuro. A instituição religiosa se enfraquece, os deuses se distanciam e se apagam, o indivíduo se encontra mais livre para negociar suas crenças. Como lembra Georges Balandier, essa nova fé sem compromissos pode levar o indivíduo a crer em qualquer coisa, multiplicar os objetos sobre os quais se fixa e, assim, fetichizar o mundo com poderes obscuros. O paradoxo está em toda a parte. A capacidade de produzir mais e melhor não cessa de crescer. Paciência que tal progresso traga consigo regressões, desemprego, exclusão, pauperização, subdesenvolvimento. A distribuição de renda piora, a exclusão social aumenta, o trabalho se torna mais precário nesse mundo de poder, produção e mercadoria. As tecnologias da informação encolhem o espaço. As diversas "teles" anulam distâncias, desmaterializando os encontros. O espaço já não é mais obstáculo, mas alguma coisa desaparece nesses buracos negros que se tornaram lugares onde nada fica e onde as pessoas estão sempre separadas. Com o estabelecimento da era visual e a proliferação das imagens, tudo parece estar progressivamente em estado de transparência. As escritas brilhantes, as telas e luminescências, tudo aparenta ser mais obscuro, ainda que paradoxalmente mergulhado em luz. De um lado, nada mais parece impossível; o mundo da *performance* cultua o otimismo. De outro, cresce o sentimento de impotência diante dos impasses, da instabilidade, da precariedade das conquistas. A opacidade do futuro parece impenetrável. Encantamento e desilusão se alternam.

Algumas reflexões de Friedrich Nietzsche aplicadas ao final do século XIX parecem expressar as mesmas angústias vividas na pós-modernidade. A incerteza é a regra; nada está sobre pés firmes e crença sólida: "Resta a convicção de que toda fé, todo julgar verdadeiro é necessariamente falso. Não há nada a fazer com a verdade". Também não há nada a fazer com a moral; ela anuncia princípios éticos, mas a ação não se orienta por eles. Afirma-se o niilismo, a fé na absoluta falta de valores e de sentido. Ou então revive-se com pleno ardor simulacros, deuses-atores, agentes de um messianismo vulgar, a religião espetáculo e diversão. Os deuses que temos conseguido criar são pérfidos simulacros daqueles em que "O insensato", de Nietzsche, afirmava termos a obrigação de nos transformar para sermos dignos da enorme responsabilidade de tê-los matado. Assim como o homem do fim do século XIX, aquele que inicia o século XXI também se sente sem rumo. Para onde conduzirá o seu caminho? Não estará ele também em uma corda sobre o abismo, atada entre o animal e o super-homem? É preciso, com Nietzsche, romper as amarras nessa alternância, empreender a exploração incansável dos espaços desconhecidos onde a pós-modernidade encerra os homens deste tempo. Novos instrumentos intelectuais, ainda não disponíveis, são necessários para traçar esses caminhos sem temer o mergulho profundo nas incertezas e dúvidas, mas sem se deixar levar pelas armadilhas e maravilhas apontadas pelos futurólogos deslumbrados.

No mundo global, os poderes que atuam sobre o destino individual estão mal identificados, ocultos pelas redes multinacionais e pelas grandes organizações internacionais. Esse mundo-espetáculo no qual as vedetes são as figuras do ganhador, do ostentador – e seus palcos eletrônicos –, mitifica o fugaz e o frágil. A comunicação e as mídias, os comunicadores e os publicitários, selecionam as imagens daquilo que querem que o mundo venha a ser, especialmente ornadas de artifícios sedutores e, por isso mesmo, mais vulneráveis. Quando Guy Debord publicou *O Estado espetáculo*, um ano antes do movimento de maio de 1968, sua contundente análise acabou antecipando uma face fundamental do capitalismo no século XXI. Com a tecnologia da informação, nunca a tirania das imagens e a submissão ao império das mídias foram tão fortes. Os profissionais do espetáculo ocuparam grande parte da cena e do poder. Durante a Revolução Industrial, a mercadoria apareceu como a grande força que veio ocupar a cena social. Segundo Debord, é então que se constitui a economia política como ciência dominante e como ciência da dominação. O espetáculo passa a ser o momento em que a mercadoria ocupa totalmente os espaços; a produção econômica moderna espalha, extensa e intensamente, sua ditadura; e a vida social é invadida pela superposição contínua de camadas de mercadorias. Nesse ponto da Segunda Revolução Industrial, o consumo alienado torna-se para as massas um dever suplementar à produção alienada, um verdadeiro instrumento de busca da felicidade, um fim em si mesmo.

De fato, a vida nas sociedades contemporâneas se apresenta como uma imensa acumulação de espetáculos. Tudo o que era vivido diretamente torna-se uma representação. Sob todas as suas formas particulares – informação ou propaganda, publicidade ou consumo de divertimentos – o espetáculo constitui o modelo atual da vida dominante na sociedade. A primeira fase da dominação da economia sobre a vida social acarretou uma degradação do "ser" para o "ter". Em seguida, operou-se um deslizamento generalizado do "ter" para o "parecer-ter". Na atual situação das grandes massas excluídas da sociedade global só resta o "identificar-se-com-quem-parece-ser-ou-ter" por meio do espetáculo, sequer ao vivo, mas "visto-a-distância" através das mídias globais que lhes oferecem exibições instantâneas de todos os tipos e partes do mundo.

Debord considera o espetáculo o herdeiro da grande fraqueza do projeto filosófico ocidental. Segundo ele, como a filosofia jamais conseguiu superar a teologia, o espetáculo é a reconstrução material da fantasia religiosa, a realização técnica do exílio, a cisão consumada do interior do homem. O espetáculo funciona "quase como uma forma de reconstrução material da ilusão religiosa. Ela já não remete para o céu, mas abriga dentro de si sua recusa absoluta, seu paraíso ilusório. Do automóvel à televisão, todos os bens selecionados pelo sistema espetacular são também suas armas para um reforço constante das condições de isolamento das multidões solitárias" (p.19 e 23). No espetáculo, global e instantâneo, virtual e real, tudo se confunde por meio de processos de identificação. Programas de auditório substituem os tribunais, propiciando julgamentos e processos públicos de conciliação; e garantem, como na loteria, a esperança do resgate da exclusão pela visualização do prêmio do outro, ou o sonho do seu fugaz minuto de glória. Debord afirma que "a alienação do espectador em favor do objeto contemplado se expressa assim: quanto mais ele contempla, menos vive; quanto mais aceita reconhecer-se nas imagens dominantes da necessidade, menos compreende sua própria existência e seu próprio desejo. Em relação ao homem que age, a exterioridade do espetáculo aparece no fato de seus próprios gestos já não serem seus, mas de um outro que os representa por ele. É por isso que o espectador não se sente em casa em nenhum lugar, pois o espetáculo está em toda parte" (p.25).

As novas tecnologias geram produtos de consumo radicalmente novos. Ondas de entusiasmo, apoiadas e lançadas por todos os meios de comunicação, propagam-se instantaneamente. O telefone celular e a *internet*, símbolos da interconectividade, passam a ser condição de felicidade. O homem volta a ser rei exibindo a sua intimidade com a mercadoria ou identificando-se com os novos ícones, os heróis da mídia eletrônica transformados eles mesmos em mercadoria ou identificados com marcas globais. Essa relação atinge momentos de excitação fervorosa, de transe religioso e de submissão, como o observar encantado do brilho intenso e das propriedades mágicas de um celular ou de um herói da TV.

O quadro se torna mais complexo porque, como lembra Joel Birman, vivemos hoje um mundo em que a *performance* define o lugar social de cada um. O sujeito da pós-modernidade é "performático", vive só o momento, está voltado para o gozo a curto prazo e a qualquer preço, é o "sujeito perverso" clássico. A perversão não é mais um desvio, como na modernidade, mas a regra. As grandes doenças estudadas pela psiquiatria hoje são aquelas em que a *performance* falha: a depressão (o sujeito trancado em si mesmo) e a síndrome do pânico (o sujeito que não consegue estar num contexto em que a exibição de sua *performance* é requerida). A produção de medicamentos vem para revertê-las. As drogas, oficiais ou ilegais, oferecem a possibilidade de as pessoas voltarem a ter uma boa *performance*. Daí também a relação sutil existente hoje entre o narcotráfico e a psiquiatria: ambos tentam dominar o desamparo com a ajuda de drogas. Esse é o universo da satisfação imediata, que reduz a importância dada àquilo que toma tempo e a aceitação dos sacrifícios que isso impõe.

A salvação a longo prazo e incerta governa menos o curso das vidas individuais. A satisfação levada ao seu grau máximo, validada por um discurso ideológico travestido de filosófico, é a certeza de que a democracia – conjugada ao liberalismo e ao mercado – definitivamente triunfou. O reconhecimento da democracia liberal como o regime que oferece as maiores possibilidades ao cidadão e ao ator social é neste momento amplamente aceito. Mas, para Balandier, "atrás da alternativa da universalização do modelo democrático se escondem o mercado mundial e seus focos de poder tecnoeconômico, atrás da proclamação das vitórias da racionalidade se escondem o instrumento e o poder primeiro da técnica, os interesses particulares e a razão calculista; atrás da liquidação das ideologias consideradas em fase terminal esconde-se o recuo da política em proveito da economia e da competição que a dinamiza" (p.23). Proclama-se que algumas sociedades chegaram a um estágio de mínima imperfeição, jamais atingido fora delas e agora desejado por todas as outras. É o mito dos futuros que cantam, renascendo qual uma fênix das ruínas do marxismo político, mas longe dele e contra ele.

Na verdade, em meio às turbulências pelas quais passam as sociedades contemporâneas, duas esperanças parecem acalentar os sonhos dos homens. A primeira é que a sobrevivência da humanidade como espécie esteja garantida. A segunda, de que em algum momento do futuro uma parte razoável dos seres humanos possa atingir uma qualidade de vida semelhante ao atual padrão do cidadão médio norte-americano ou europeu. É preciso ter claro que não há nenhuma segurança sobre essas hipóteses. A primeira dependerá de um enorme esforço conjunto de toda a raça humana. A segunda tem toda a chance de ser uma falsa premissa.

Cientistas renomados fazem-nos graves advertências sobre a maneira como estamos conduzindo nossos caminhos. Ao mesmo tempo, eles nos delegam responsabilidades brutais. O filósofo Daniel Dennett acha quase certo não sermos a espécie do planeta com maior chance de sobreviver. Perdemos para as baratas e as criaturas mais simples. Possuímos uma grande vantagem: a condição de olhar à frente e planejar. No entanto, apesar – e por causa – de todo o avanço tecnológico de que fomos capazes, caminhamos em direção a uma barreira de escassez, não de minérios ou energia, mas de água e alimentos. O sociobiologista Edward O. Wilson lembra que transformamo-nos na primeira espécie a se tornar uma força geofísica, capaz de alterar o clima da Terra; e que temos sido os maiores destruidores de vida desde o meteorito que caiu perto de Iucatã há 65 milhões de anos e encerrou o ciclo dos grandes répteis. Com a superpopulação e o atual estilo de desenvolvimento, corremos o risco de esgotar nossas reservas naturais – inclusive de água doce – e eliminar para sempre numerosas espécies vegetais e animais. Ele nos compara a uma família que dissipa irrefletidamente seu parco patrimônio e que depende cada vez mais de novos conhecimentos para se manter viva. De fato, se hipoteticamente retiramos a eletricidade de uma tribo de aborígenes australianos, quase nada acontecerá. Se o fizermos aos moradores da Califórnia, milhões morrerão.

Wilson adverte que a maior parte da pressão destruidora sobre o nosso ecossistema vem de um pequeno número de países desenvolvidos. No entanto, suas fórmulas de prosperidade estão sendo vivamente adotadas como objetivo pelo resto do mundo, o que conduz a uma impossibilidade matemática. Elevar ao nível médio norte-americano a qualidade de vida da população atual da Terra já exigiria os recursos naturais de mais dois planetas iguais ao nosso. Nos mesmos níveis de consumo e desperdício, mesmo que apenas uma parte das nações fosse bem-sucedida nesse intento, o choque ambiental decorrente liquidaria a vida humana. Ainda assim, os eternos otimistas nos tranquilizam: a vida está melhorando, continuamos crescendo; não nos preocupemos com o próximo ano, sempre foi possível dar um jeito. Wilson sugere que façamos ouvidos moucos a esses otimistas e pede muito cuidado. Cada avanço tecnológico é uma espécie de prótese artificial, dependente de avançado *know-how* e intensa administração mas, o que é mais importante, introduzindo seus riscos a longo prazo.

É curioso como nossa maravilhosa capacidade de previsão tem evoluído menos que nosso arsenal destrutivo e nossas aspirações de consumo. O homem primitivo dava-se por satisfeito ao voltar para a caverna com algum alimento para sua família e por ter sobrevivido mais um dia. Hoje, tentamos planejar a longo prazo: mas é difícil avaliar as consequências de nossas ações para mais de duas gerações. É o caso da degradação do meio ambiente. Ao cortarmos uma árvore da floresta tropical, raramente assumimos que nossos bisnetos poderão encontrar lá um deserto. E, embora saibamos ter de preservar a velha mãe Terra, o único lar capaz de sustentar a vida, continuamos a destruir seus frágeis ecossistemas naturais, envenenar as águas e poluir o ar com o uso irresponsável da tecnologia.

O paleontólogo Stephan J. Gould lembra que não pedimos para desempenhar esse papel, podemos nem ser talhados para ele, mas não temos saída. A existência humana dependerá de sermos capazes de estabelecer contratos de longo prazo com nosso futuro. Se destruirmos frágeis equilíbrios em nome do que chamamos progresso, nem nós sobraremos. A esse respeito é sempre oportuno relembrar o alerta de Walter Benjamin, mergulhado nas angústias do desastre da Segunda Guerra: "Uma pintura de Klee mostra um anjo prestes a se afastar de algo que está olhando com grande concentração. Seus olhos estão fixos diante de si, escancarados, a boca aberta, as asas prontas para o voo. É assim que se pode imaginar o anjo da história. Seu rosto está voltado para o passado e onde nós vemos uma cadeia de eventos ele percebe uma catástrofe única que acumula, sem cessar, destroços sobre destroços e os atira a seus pés. Talvez o anjo desejasse ficar, acordar os mortos, consertar o que foi arruinado. Mas uma tempestade está sendo soprada do Paraíso; pegou suas asas tão violentamente que o anjo não as consegue mais fechar. A tempestade o suga para trás, para o futuro, enquanto os destroços se acumulam em direção aos céus, diante de seus olhos. Essa tempestade chama-se progresso".

5
Liberalismo, individualismo e a armadilha das técnicas

O universo de três componentes – cidade, técnica, comunicação – governa cada vez mais os tempos sociais. Ele os artificializa de maneira crescente. Perseverança, domínio de si, curiosidade, flexibilidade e improvisação, valores que os antigos ensinavam às crianças pelos ritos, são substituídos por velocidade, lógica e razão. Abre-se uma brecha entre as gerações; o mal-entendido entre elas exprime uma relação diferente com a temporalidade. Para os mais jovens, participam da natureza das coisas o efêmero, o novo e as modas, a mudança e a precariedade, a rapidez e a intensidade, a descontinuidade e o imediato. Sua cultura e suas práticas extraem daí seu próprio movimento. Acomodam-se mal no tempo repetitivo, rotineiro, no tempo vivido moderadamente e de efeito muito retardado; desse modo confiam o desejo, a afetividade, as relações eletivas e as paixões ao domínio de uma mobilidade exigente. A urgência destrói a capacidade de construir e esperar. Bombardeado pela mídia eletrônica que associa a felicidade ao consumo de marcas globais, o jovem excluído – receptor exatamente da mesma mensagem que o incluído – tem como alternativas conseguir a qualquer preço o novo objeto de desejo ou recalcar uma aspiração manipulada pelo interesse comercial.

Balandier afirma que "a economia faz do tempo o primeiro de seus instrumentos, atribui-lhe um valor crescente. Esta relação transforma a experiência da temporalidade. Perturba a conjugação do tempo e do espaço: as mídias trabalham em situação de ubiquidade ao revelar imediatamente o que se passa em outros lugares, qualquer que seja a distância. A informação televisual trata cada acontecimento como um momento dramático. Esses momentos se sucedem expulsando-se uns aos outros, dão a consciência do instante, inscrevem-se pouco no interior de uma cronologia, no máximo em uma repetição" (1999, p.58-9).

Quando as cadeias norte-americanas de grande audiência, através da difusão contínua de reportagens que fixam imediatamente os acontecimentos do mundo, introduzem uma sequência ininterrupta de imagens e mensagens em que o tempo se dissolve, o sentido que as liga desaparece e sobra apenas um encadeamento de caráter espetacular. É o reinado do *flash*, do *spot*, do *clip*, que traduz em imagens e ritmos a relação estabelecida com o tempo. Eles o concentram, convertem a brevidade em intensidade, fazem do instante emocional um momento central.

Esse processo tem sido legitimado pelos impressionantes resultados de alguns dos êxitos das novas tecnologias, fazendo-as adquirir uma auréola mágica e determinista, e colocando-as acima da razão e da moral. O homem comum já tem o sentimento de estar submetido a potências invisíveis, embora reais, ativas e incontroláveis. Tais potências começam a ocupar o lugar deixado vago pelos gênios e deuses antigos. A razão técnica teria sua lógica própria e um poder sem limites. Infelizmente, um projeto competente e eficaz contém sua própria legitimação, independentemente do conteúdo de seu propósito. Ficamos reféns de pseudossucessos que não se sustentam em valores e muito menos em uma opção consciente de uma sociedade que possa definir suas prioridades de maneira amplamente democrática.

Posições de cautela com relação a alimentos transgênicos, objeções éticas quanto aos imensos riscos da manipulação genética e reações contra o desemprego gerado pela automação radical, tudo é encarado sistematicamente como posição reacionária de quem não quer o progresso. No entanto, assim como o primeiro teste nuclear no deserto do Novo México incluía um risco nada desprezível – admitido claramente pelos cientistas – de que a reação em cadeia pudesse gerar um incêndio incontrolável em toda a atmosfera, da mesma forma os mesmos cientistas do projeto partiam de um pressuposto – que por razões de puro *wishfull thinking* lhes parecia óbvio – de que qualquer uso militar do artefato seria precedido de ampla consulta democrática. No entanto, a decisão de utilizar a bomba atômica em Hiroshima sobre uma população civil indefesa, causando consequências desconhecidas gravíssimas em várias gerações, foi tomada por um único homem, Truman, considerado por muitos como um político de tradição humanista. Em seu pronunciamento à nação anunciando a destruição da cidade japonesa ele declarou: "Gastamos mais de 2 bilhões de dólares no maior jogo científico da história e vencemos". No caso da manipulação genética, os riscos são infinitamente maiores e não é certamente nessa atitude irresponsável de aprendizes de feiticeiro a serviço do capital que Nietzsche pensava ao propor a uma humanidade órfã de deuses que se transformasse em um deles.

O melhor exemplo desse dilema do avanço desordenado da ciência é o ritmo vertiginoso pelo qual a sociedade pós-

-moderna está mergulhando de forma determinista na tecnologia da informação, fazendo apontar para gravíssimos impasses que poderemos ter de enfrentar em breve. Isso pode ser evidenciado por algumas projeções seguras feitas a partir de tecnologias já dominadas, ou com curso definido, todas elas tão impressionantes que realizadas em escala logarítmica. João A. Zuffo lembra que o número de componentes de uma pastilha de silício, que define a capacidade de integração em microeletrônica, era de 16 MB RAM (16.10⁶) em 1990 e atingirá 64 GB RAM (64.10⁹) em 2015. A memória principal de um microcomputador, de 256 KB (256.10³) em 1990, já é de 256 MB (256.10⁶) em 2000 e chegará a 100 GB (100.10⁹) em 2010. Comunicação por voz e olhar já serão usuais em 2002, bem como reconhecimento generalizado de imagens em 2004. Finalmente, a capacidade de pico de processamento de um supercomputador tem crescido a um fator de mil vezes a cada dez anos e evoluirá dos teraflops (10¹²) atuais para os petaflops (10¹⁶) em 2015.

O uso de recursos ópticos permitirá superar limitações atuais obtendo potenciais elevadíssimos de processamento e reduzindo drasticamente custos de implementação. Essa evolução permitirá um tratamento muito mais preciso das engenharias e das ciências, e tornará as interfaces homem-máquina muito mais "amigáveis". As estimativas são de que, por volta de 2005, o número de computadores pessoais possa estar em torno de 1,5 bilhão, cerca de 1 para cada 4 habitantes do globo. Além das telecomunicações, os setores de controle industrial e linhas de montagem robotizadas terão enormes avanços. Os novos e escassos postos de trabalho exigirão pessoal de instrução elevada para operar sistemas complexos. O custo de geração desses empregos tenderá a ser muito alto em razão do grande nível de investimento necessário.

Na área de serviços, a automação será extremamente intensa, utilizando os novos recursos de comércio eletrônico. Apenas no ano de 1999 o *e-commerce* atingiu US$ 150 bilhões. A Forrester Research prevê que esse número deva chegar a US$ 3 trilhões até 2003. Como consequência, a necessidade de pessoal em parte do setor terciário continuará em forte redução. Finalmente, o número de usuários da *internet*, que até 1996 crescia a 80% ao ano, deverá atingir mais de 1 bilhão de pessoas ao redor de 2004. No entanto, os horizontes da microeletrônica ainda estão longe de se esgotar. Os limites da pastilha de silício deverão ser atingidos em torno de 2010. A partir daí, as tecnologias se voltarão para materiais alternativos como diamantes e nitretos, bem como microfotônica e nanofotônica, incluindo os computadores quânticos que armazenam informações em fótons, elétrons e partículas nucleares.

Como se vê, são ao mesmo tempo espetaculares e preocupantes os efeitos desses avanços da técnica que rompem, inauguram e voltam a romper sucessivamente vários paradigmas. No entanto, há uma ausência quase total de reflexões e pesquisas sobre as consequências negativas desses caminhos, que podem colocar em xeque o futuro do próprio capitalismo global seja por colapso da empregabilidade, seja por severa restrição da demanda. A lógica da competição exacerbada, o deslumbramento diante da novidade tecnológica e a ausência de valores éticos ou agências regulatórias que definam limites e rumos poderão estar incubando novos deuses que conduzirão a humanidade a sua redenção ou serpentes que ameaçarão sua própria sobrevivência.

Nas sociedades tradicionais, o mito exprimia o poder da origem e, por essa razão, não precisava ser justificado. Fundava e instaurava uma continuidade capaz de resistir ao acontecimento ou dele se apropriar. Era uma referência sobre de onde procede o saber coletivo que dá sentido ao universo humano, aquela segundo a qual se regulam as condutas coletivas. Operava sociedades nas quais a pessoa tinha predominância sobre o indivíduo, a totalidade prevalecia sobre o ser singular. Balandier adverte que "é pela importância dada a esses aspectos que as sociedades tradicionais puderam ser consideradas *holísticas*, ao superestimar frequentemente sua coesão e subestimar os meios que se devem utilizar para remediar um duplo perigo: o da desordem não dominada e o do excesso de imobilismo pelo efeito enfraquecedor de uma tradição congelada" (p.26). Na pós-modernidade, porém, todas as exaltações são ao individualismo. Trata-se de uma criação eminentemente ocidental que encontrou suas condições de expansão mais propícias na sociedade norte-americana. Está ligada ao liberalismo econômico, à valorização do êxito individual, a um universo em que as relações sociais voluntárias e eletivas prevalecem – em princípio – sobre as impostas pelo nascimento, em que a identificação com a nação tem um caráter quase sagrado: a América "como religião".

Entre os paradoxos que povoavam o pensamento de Max Weber a respeito da sociedade norte-americana estava a contradição entre nacionalismo e poder, de um lado, e individualismo e liberdade, de outro. John Patrick Diggins compara as visões de Alexis de Tocqueville e Weber sobre os Estados Unidos, ainda que separadas por três quartos de século. O primeiro enfatizou a democracia, o individualismo e a igualdade de condições; o segundo ressaltou a burocracia, as instituições e a hierarquia de *status* e poder. É como se Tocqueville tivesse narrado o que eram os Estados Unidos, enquanto Weber antecipava aquilo em que ele iria se tornar. Na sociedade norte-americana a liberdade foi o valor primeiro; depois vieram a política e o desenvolvimento social. Tanto Weber como Tocqueville acreditavam que política sem cultura e sensibilidade moral seria pouco mais do que cobiça privada realizada por meios públicos. A democracia americana parece ter conseguido elevar o homem comum, mas não o suficiente para suportar o impacto do capitalismo e do mercado global, que acabaram – de certa forma – por restringir sua vontade e liberdade. O sucesso material confundiu-se com a salvação religiosa e o dinheiro passou a ter virtudes mágicas. O espírito do capitalismo, surgido a partir do ascetismo protestante, resultou na vontade de controlar e determinar o que, em termos teológicos, não era passível de se submeter ao domínio racional. O trabalho humano acabou refletindo a necessidade intrínseca de ver um sentido transcendente no mundo.

No entanto, com a legitimação da busca do interesse individual e o avanço da acumulação mediante a vibrante evolução do capitalismo, a posse da riqueza deixou de ter relação direta com o trabalho de quem a possuía. A ciência, por seu lado, passou a revestir-se de transcendência. No entender de Diggens, para Weber: "se a religião que Marx rejeitava havia uma vez atribuído valor e sentido ao trabalho, a ciência que ele aplaudia convertia o organicamente natural e genuinamente espiritual em algo cultural e mecânico, formas rotineiras de vida cujas imagens e representações faziam-nas parecer naturais e inevitáveis, para assim serem aceitas como características permanentes da condição humana. Marx olhava a ciência como um meio de superar a alienação". Ele sabia que o homem não teria atingido o possível se não houvesse reiteradamente tentado alcançar o impossível. Por outro lado, percebeu que a razão e a análise haviam comprometido o valor e o sentido, em consequência do "destino de uma época que provou da árvore do conhecimento", resultando no "desencantamento do mundo". De alguma forma a árvore do conhecimento acabou matando a árvore da vida. William Blake escreveu que "a arte é a árvore do conhecimento, a ciência é a árvore da morte".

Uma vez que matamos os deuses e descobrimos que nossas crenças e valores se formaram em resposta a nossas necessidades e interesses, que foram forjadas pelo homem e não originadas do sagrado, por que não acreditar nos magos da ciência que nos prometem a felicidade e a vida eterna? Weber dramatizou a natureza dividida da ação humana que o conhecimento não conseguiu unificar. Diante dos limites do conhecimento, enfrentou a perda da verdade e da objetividade elaborando a teoria racional da ética e da responsabilidade.

De qualquer forma, a sociedade norte-americana acabou personificando, como elemento original, a vitória do indivíduo sobre o conjunto. Trata-se de um modelo que transformou-se em vitorioso e hegemônico. No entanto, é um sistema social que se sustenta tanto no reconhecimento dos méritos como na competição e na incerteza. A solidão e a crise de identidade decorrentes – somadas à falta de referências éticas – forçam o indivíduo a tornar-se seu próprio produtor de significados, artesão da construção das representações de seu próprio mundo. Do exterior ele recebe superabundância de informação, comunicação mercantilizada e material cultural programado. Não lhe é dado, no entanto, quase nada de referencial conceitual e filosófico. As referências espaciais preenchem todos os seus vazios: espaço verde, espaço de lazer, espaço de cozinha, espaços aéreo e marítimo, espaço publicitário, espaço jurídico, espaço humanitário. O espaço transforma-se em visão instrumental. Descentralização e fragmentação são os novos valores. A estrutura de rede os une e viabiliza a globalização das partes dispersas.

Para Balandier, "a pós-modernidade multiplica as formas de relação através do universo das *redes*. A rede reata, conecta, constituindo-se *contra o espaço*. A avaliação quilométrica desaparece atrás da medida da duração do percurso. A tecnologia liga, incorpora uma eficácia crescente, introduz a velocidade e a cooperação entre os lugares onde se realizam as atividades. Rede, como espaço, é a palavra-chave. Aparece na maioria das disciplinas, alimenta metáforas, perde em precisão o que ganha em extensão. O homem contemporâneo está preso cada vez mais no universo das redes; suas práticas, seu modo de vida são modificados a partir disso, o exterior é introduzido e acolhido pela máquina de comunicar. Como consequência, estabelece-se a confusão das fronteiras entre os lugares de intimidade e o de fora, entre o espaço privado e o espaço público. A *virtualização* dos lugares confunde o conceito de real" (p.67-8). Embora a classe média norte-americana venha de uma longa tradição de participação comunitária, além do culto pronunciado das identidades de gênero e etnia, as vizinhanças virtuais através das redes – *electronic neighbourhoods* – vêm substituindo progressivamente as relações pessoais convencionais e criando uma socialização lúdica em substituição à socialização efetiva.

6
A busca de uma ética para os novos tempos

Os imensos custos sociais acarretados pela mudança nos padrões tecnológicos aparecem como inevitáveis. A divisão social do trabalho subverte-se pela contínua evolução dos sistemas técnicos, motivada pelo embate estratégico da concorrência. Tudo se passa como se a técnica, por seu próprio movimento, se tornasse uma potência longínqua que designa os *sacrificados* nas sociedades da pós-modernidade. A técnica em expansão, embora abra novos domínios ao poder criador e à atividade dos homens, está a serviço do capital e de sua acumulação. É uma devoradora de trabalho e ajuda a suprimir empregos, em vez de criá-los. A tecnicalização intensiva, até o momento, aumentou as brechas no âmago do corpo social. O desemprego, com seu conteúdo intrínseco de violência, esboça quadros trágicos que incluem numerosos homens e mulheres deste tempo.

A lógica que se impõe afirma a virtude e a capacidade ordenadora dos sistemas técnicos dominantes, atribuindo-lhes o poder de se estender infinitamente por meio dos macrossistemas técnicos. Eles acabam ungidos com uma auréola própria, como se a técnica em si mesma contivesse os preceitos éticos para sua legitimação ou, no limite, pudesse garantir absoluta neutralidade. Esse deslocamento da relação entre o homem e as máquinas, por meio dos sistemas, tende a conceder uma espécie de delegação geral às técnicas.

Cientista e técnico estão radicalmente ligados um ao outro no mundo pós-moderno. A ciência contemporânea aspira a utilidade, pretende ser o aspecto teórico de uma perspectiva do ser cujo aspecto prático expressa-se pela tecnologia. Descartes dizia que a nova ciência faria do homem "o mestre e o senhor da natureza". No entanto, agora a ciência é o centro; e o cientista, o sumo sacerdote. A filosofia foi expulsa para a periferia. "Saber-fazer" afastou o "por-que-fazer". Na realidade, o cientista atual tem olhos para a realidade, enquanto o filósofo atual só tem olhos para o cientista e tende a sucumbir tomado de inferioridade diante do sucesso da ciência.

Num certo sentido, o *técnico* pode ser encarado como uma autoimagem da filosofia. William Desmond lembra: "O que nos leva a filosofar não é o fato de possuirmos as respostas, mas o de sermos importunados por questões fundamentais ... nossa resposta a essa opacidade do ser pode ser desenvolvida de diversas maneiras. Em uma de suas configurações, o pensamento torna-se uma questão técnica" (2000, p.58). A mente tecnicista cria suas técnicas para erradicar a escuridão do ser, tentando submeter o mundo a uma ordem que é invenção própria da mente, procurando transformar confusão em claridade. Ela nos seduz com procedimentos aparentemente seguros e definitivos para enfrentar problemas, "*garantir* soluções unívocas para a ambiguidade incômoda, regras não ambíguas que, caso as sigamos, irão nos conduzir para fora do labirinto de perplexidade". Por essas razões, os filósofos sempre foram tentados a buscar uma técnica suprema, a técnica das técnicas, o pensamento instrumental de todo o pensamento. Ele poderia conduzir à chave mestra para abrir todas as fechaduras e "dominar toda a alteridade opaca do ser".

O técnico atual aspira tornar-se um deus cibernético. No início da filosofia, supôs-se que a lógica poderia prover essa técnica suprema, cobrir as questões fundamentais, afastar o equívoco e alcançar o consolo do pensamento unívoco. O filósofo da era da informação apoia-se no caráter tecnológico da sociedade moderna e se torna um operador imbuído do propósito de reduzir as ambiguidades do mundo cotidiano. No entanto, como cabe ao filósofo entender o ser racionalmente, a técnica atual se apresenta capaz de caracterizar a própria racionalidade. Racionalizar significaria submeter o processo à técnica e, desse modo, livrá-lo de seus excessos (irracionalidades); o que é muito do que o filósofo reivindica fazer: dar um sentido racional ao ser. Pode-se dizer coisa parecida a respeito dos fins. A técnica nos possibilita o "saber como" e não o "saber por quê". Ela nos ensina como fazer certas coisas, mas não por que se deva fazê-las. Para Desmond, "posso ter todas as técnicas do mundo e ainda assim usá-las insensatamente. É preciso possuir, de antemão, a sabedoria em seu sentido ético para tirar o melhor proveito possível da técnica. Desse modo, quando questionado a respeito do bem, o técnico tende a responder de acordo com a opinião dominante, ou seja, de forma não crítica. Ele facilmente se torna um servo da ideologia, não o guardião da mente livre" (p.63).

Tecnologias da informação e automação estão hoje presentes em todos os lugares. Compõem as cenas da vida cotidiana, instaladas em nossa intimidade. São filhas do desejo, dele recebendo sua qualidade de ser complexo e não de um simples instrumento. São parceiras ambíguas e desconcertantes, exceto para quem delas tira seus objetivos de lucro e domínio. Operam com autonomia e podem se perverter, tornarem-se nefastas e agredir o próprio homem. A nova sociedade aceita que a técnica se imponha como dotada de um poder próprio, difuso, transnacional, controlado – para o bem e para o mal – pelas grandes empresas mundiais que a construíram e a exploram.

A sociedade pós-moderna acostumou-se com a convivência de armas de impensável poder de destruição, com meios de comunicação globais e com uma cultura que valoriza imagens de violência destruidora. No entanto, a questão da autonomia das técnicas não é nova. Um dos seus momentos trágicos ocorreu durante a descoberta das aplicações da fissão atômica. Quando a tecnologia nuclear acabou aplicada às bombas nucleares, um Oppenheimer cheio de culpa reconheceu que "os físicos conheceram o pecado". E declarou a Truman: "Minhas mãos estão cheias de sangue". Duas decisões críticas pairaram no ar: a de fabricar a bomba e a de usá-la sobre milhares de civis. Na pequena fábula "A Esfinge", Francis Bacon lembrava que "quando essas questões passam das Musas para a Esfinge, isto é, da contemplação à prática, fazem-se necessárias a ação presente, a escolha e a decisão; e é então que elas se tornam dolorosas e cruéis...". A decisão sobre construir a bomba partiu de Roosevelt, em 1939. Imaginava-se tranquilamente, então, que se o projeto fosse bem-sucedido haveria possibilidade de uma deliberação muito madura sobre sua eventual utilização. Seis anos depois, os acontecimentos tinham tomado vida própria. Recorda Roger Shattuck: "Entre o encantamento da formula $E = mc^2$ e Hiroshima, tornou-se evidente a existência de um declive cada vez mais escorregadio sobre o qual as boas intenções e as dores de consciência individuais tinham pouco poder" (1998, p.174-5).

Na realidade, a questão principal não é a irresponsabilidade dos cientistas, que não hesitariam em "passar por cima de sua ignorância" negligenciando a imprevisibilidade de todas as consequências e os efeitos irreversíveis, mas o poder do sistema tecnocientífico sobre uma economia entregue unicamente a seus dinamismos, obcecada por seus avanços. É o caso da terapia genética e dos alimentos transgênicos. Ao longo deste século o homem conquistou o que jamais pôde pretender: o poder de se destruir, com a entrada na era nuclear, e o poder de se autotransformar, com o acesso ao domínio do ser vivo. Enquanto constitutivas de um sistema, as tecnologias do ser vivo obedecem à lógica que lhes é inerente e adquirem uma grande autonomia, tendendo a nos fazer renunciar ao exercício da liberdade de decisão. Vários dentre os biólogos mais conhecidos atualmente acham-se em uma situação que nada tem de ficcional: não têm a total certeza de ter chegado a uma visão clara daquilo que fazem, pedem um período de suspensão em certas pesquisas, não querem se arriscar a modificar o patrimônio genético da humanidade e criar uma nova espécie a partir do ser humano existente.

A respeito desses dilemas, Balandier lembra: "O poder amplia suas redes, a razão técnica parece ter tomado conta de tudo, aparente ou ocultamente. Ambos jamais foram antes colocados no nível em que estão hoje, nem penetraram tanto em todos os domínios da vida coletiva e privada. As fronteiras do impossível são empurradas para mais e mais longe, apesar da incerteza quanto aos efeitos longínquos e os riscos já manifestos. A capacidade do saber e a capacidade do poder-fazer progridem juntas. Contribuem para manter a ilusão de um crescente domínio, a imagem de um mundo que é possível manipular, transformar, simular. Um mundo em que a cultura mudada pelas forças da técnica tudo pode dominar. A técnica, bem como a palavra, constitui o mundo naquilo que tem de propriamente humano. Hoje, é o deslumbramento tecnicista que cria as dificuldades da linguagem, os confrontos doutrinais, as paixões contrárias e as dúvidas. A filosofia grega, retomada nas suas fontes, poderia situar a técnica, defini-la e restringi-la, após ter derrubado seus deuses. A técnica é o campo em que a atuação do homem se revela criadora por ela mesma, na medida em que o homem se descobre capaz de explorar o *possível* do mundo, de objetivar o virtual, de produzir mais que uma imitação da natureza ao efetuar aquilo que ela está na impossibilidade de realizar. Mas essa exploração das potencialidades naturais permanece contida, não opera nem por uma dissociação nem por uma invasão que tende a fazer desaparecer a natureza, a fundi-la socialmente. Hoje ocorre o inverso: a técnica se impõe em todos os campos, tudo pode depender de seu tratamento; informa sobre a maneira de pensar o mundo, de representá-lo e de construí-lo, assim como informa sobre os sistemas especializados de ação sobre a natureza, a sociedade e o próprio homem" (p.77-8).

Os deterministas atribuem a Martin Heidegger ter feito da técnica a essência profunda da ciência, e não um instrumento, como se nenhum conhecimento fosse superior a ela e ninguém pudesse contê-la. Ele achava necessário levar a técnica até seu ponto máximo, porque "lá onde está o perigo, também viceja o que salva". No entanto, para a ética de Aristóteles, o objetivo do homem de aperfeiçoar-se tanto quanto possível ("Torna-te o que tu és") só seria possível em uma época na qual o homem tivesse a consciência de que ele está integrado sem ruptura à totalidade do mundo. Em Aristóteles, o que constitui o sentido da existência humana não é o domínio mas o conhecimento. A prioridade do conhecimento também se dá no domínio da ação; a moral seria o conjunto de ações pelas quais o homem prudente, impregnado de razão, dá forma a sua existência. Somente esse comportamento ofereceria a garantia de o homem não destruir a si mesmo. Na mesma linha, Zenão pregava: "Livre é apenas o homem que é interiormente livre e que faz somente aquilo que sua razão escolhe". A tradição filosófica tem instigado a profundos questionamentos sobre a inevitabilidade da transformação dos avanços da ciência em técnica e sobre a própria lógica da investigação científica. Para Karl Jaspers, por exemplo, o homem está mais incerto do que nunca. Ele é a maior possibilidade e o maior perigo do mundo: "Não existe nenhuma lei histórica que determine o curso das coisas em seu todo. É da responsabilidade das nossas decisões e dos atos humanos que o futuro depende".

Para Jürgen Habermas, a teoria deve prestar contas à práxis. O saber não pode, enquanto tal, ser isolado de suas consequências. De pouco serve a mera contemplação dessas coisas, a suposta apropriação conceitual daquilo que elas são num determinado instante. José N. Heck acredita que Habermas vê o interesse emancipatório da ciência como voluntarista, artefato ideacional, uma espécie de simulacro ideológico: o conhecimento automatizou-se por sobre interesses da sociedade que, na verdade, o sustentam. Melhor do que ninguém Nietzsche explicitou esses interesses que estão por detrás daquilo que chamamos de conhecimento, saber ou ciência: "Toda a história da cultura (e/ou civilização) nada mais é do que um relato acerca dos diversos caminhos que os homens tentaram trilhar a fim de sujeitar seus desejos insatisfeitos sob as condições cambiantes – e alteradas pelo avanço técnico da garantia e da frustração por parte da realidade ... Todo indivíduo é virtualmente um inimigo da civilização, embora se suponha que essa deva constituir um interesse humano universal. A civilização precisa, portanto, ser defendida contra o indivíduo".

Como anteriormente o fez Auguste Comte, Nietzsche entende as consequências críticas do progresso técnico-científico como superação metafísica. O conceito positivista de ciência torna-se para ele particularmente ambivalente. Concede-se à ciência moderna um monopólio de conhecimento em detrimento da metafísica. Por outro lado, o conhecimento monopolizado é, por sua vez, desacreditado pelo fato de dispensar necessariamente o elo com a práxis, algo específico à metafísica. O positivismo afirma não poder haver um saber que transcenda o conhecimento metódico das ciências experimentais; mas Nietzsche não se convence de que esse saber seja propriamente conhecimento. A pretensão crítica de um conhecimento científico permanece de pé diante da metafísica; mas a reivindicação monopolista da ciência moderna é posta continuamente em questão porque o interesse técnico costuma ocultar vários outros que dificultam a legitimação desse conhecimento.

Na verdade, um claro paradoxo se instala nas sociedades pós-modernas. Ao mesmo tempo que elas se libertam das amarras dos valores de referência, a demanda por ética e preceitos morais parece crescer indefinidamente. A cada momento um novo setor da vida se abre à questão do dever. Frequentemente utilizam-se os conceitos de ética e moral como próximos. *Ta êthé* (em grego, os costumes) e *mores* (em latim, hábitos) possuem, com efeito, acepções semelhantes. Ambos estão ligados à ideia de modos de agir determinados pelo uso. Mas a ética se esforça por *desconstruir* as regras de conduta que formam a moral, os juízos de bem e de mal que se reúnem no seio dessa última. O que designa a ética seria uma "metamoral" e não um conjunto de regras próprias de uma cultura. Ela se esforça em descer até os fundamentos ocultos da obrigação; pretende-se enunciadora de princípios ou de fundamentos últimos. Por sua dimensão mais teórica, por sua vontade de remeter à fonte, a ética mantém uma espécie de primazia em relação à moral.

As novas tecnologias na área do átomo, da informação e da genética causaram um crescimento brutal dos poderes do homem, agora sujeito e objeto de suas próprias técnicas. Isso ocorre num estado de *vazio ético* no qual as referências tradicionais desaparecem e os fundamentos ontológicos, metafísicos e religiosos da ética se perderam. Quais os critérios atuais para definir se uma lei é justa? Jacqueline Russ alerta: "No momento em que as ações do homem se revelam grávidas de perigos e riscos diversos, estamos precisamente mergulhados nesse niilismo" (p.10). Esse mesmo niilismo, fenômeno espiritual ligado à morte de Deus, origina a crise atual da ética e – ao mesmo tempo – gesta os novos valores da pós-modernidade. É a partir da morte das ideologias, das grandes narrativas totalizadoras e dos sistemas unitários que se impõe reencontrar o "dever-ser". Em meio à incerteza e à deslegitimação, urge encetar uma nova busca axiológica.

Restaram as formas contemporâneas de individualismo, privilegiando o indivíduo, valor supremo que aliena o coletivo. Como diz Russ, "são as delícias do narcisismo, bem mais que o acesso a uma autonomia; a explosão hedonista, mais que a conquista da liberdade" (p.15). O desafio é como possibilitar, na era dos homens "vazios", voltados às escolhas privadas, a redescoberta de uma macroética, válida para a humanidade no seu conjunto. Hans Jonas – pensador alemão nascido em 1903, aluno de Husserl e de Heidegger – lembra-nos que, pela primeira vez na história da humanidade, as ações do homem parecem irreversíveis. Critérios de um vago humanismo, colorido por um certo hedonismo ligeiramente otimista e materialista já não bastam para lidar com esses novos poderes. Faz-se necessária uma nova teoria da responsabilidade. Heidegger esclarecia a ameaça da técnica dizendo que o homem vaga, hoje, "através dos desertos da terra devastada". O que é a técnica senão o fim da metafísica ocidental? Para formular uma nova ética é preciso, pois, voltar aos primeiros princípios;

nenhuma ética é possível sem eles, sem hipóteses governando o campo da reflexão.

A ética tradicional parece governada pelo modelo do sujeito autônomo, responsável, determinando suas próprias leis, sem referir-se a uma autoridade exterior. Responsável por si mesmo e por seus atos, ele é impulsionado por uma infinita liberdade e, por outro lado, totalmente responsável por ela. A partir de meados do século XX, no entanto, esse paradigma evolui para a abordagem estruturalista, em que o sujeito perde primazia para a estrutura. O sujeito passa a se subordinar aos sistemas, regras que são o novo referencial da ordem. Para Michel Foucault, a "morte do homem" designa o ato de falecimento do sujeito, dissolvendo-se no seio das suas ciências. Essa regressão do sujeito, no entanto, é transitória. Embora Gilles Deleuze e Foucault nos conduzam a um mundo em que o sujeito está remetido aos confins da morte e do sonho, em que se diluem seus limites, o eclipse do sujeito fundador se revela parcial. Mantido vivo em toda a tradição filosófica, o sujeito renasce a todo tempo. Em Foucault, como "relação perfeita consigo mesmo", ele permanece como uma referência que informa o último pensamento ético, o do indivíduo "como sujeito moral de sua conduta".

Essa discussão nos remete ao *princípio da responsabilidade*, já enunciado por Platão, que governa a ética e a moral, tornando cada um responsável por seu destino. Instigado pelo potencial destruidor das novas tecnologias, Jonas introduziu recentemente a ideia de uma humanidade *frágil* e *perecível*, perpetuamente ameaçada pelos poderes do homem. Essa responsabilidade contemporânea se esvazia de toda ideia de finalidade racional e dá prioridade ao fato de que o homem se tornou perigoso para si mesmo, constituindo-se agora em seu próprio risco absoluto. O novo princípio da responsabilidade corresponde, pois, à idade do pós-dever, à sociedade pós-moralista, ao minimalismo ético. Trata-se de uma ética "razoável", um esforço de conciliação entre os valores e interesses.

Por outro lado, para uma ciência que se pretende axiologicamente neutra, a ética para nosso tempo parece *necessária* e *impossível*. Ela pressupõe o reconhecimento de todos os membros da comunidade científica enquanto parceiros de discussão, com igualdade de direitos. É preciso emergir um "*tu deves*" como horizonte da ciência e obedecer-se a algumas normas éticas fundamentais. Por exemplo, mentir ou falsear informações tornaria impossível qualquer diálogo. Mas como viabilizar essas condições iniciais se boa parte da comunidade científica internacional está atrelada a projetos privados das grandes corporações globais, submetidos à lógica do lucro e às rígidas regras de sigilo e patentes?

A ética de Jonas – sua proposta para nossa civilização tecnológica – é metafísica, ontológica e rediscute os ideais de progresso. Explora as facetas da responsabilidade em relação ao futuro longínquo pelo qual somos responsáveis. Mas o *princípio da realidade* comanda igualmente a doutrina de Jonas, na sua pretensão de distanciar-se das diversas utopias. O objeto da técnica contemporânea é declaradamente o sujeito enquanto tal, a essência do homem é seu objeto. Questões como o prolongamento da vida, o controle do comportamento e a manipulação genética são um salto qualitativo pleno de dúvidas e perigos. Seu problema é: como refundar a ética se Prometeu está liberto, se o mal-estar da civilização toma conta da terra, se estamos voltados à impotência ou aos excessos do poder?

Em que medida o prolongamento da vida, por exemplo, é desejável? Quem deve se beneficiar dele? A espécie tem algo a ganhar com isso? Para Søren Kierkegaard, o *memento mori* pode fundar uma sabedoria. A morte, levada a sério, é uma fonte de energia sem igual, estimula a ação e dá sentido à vida. Já o controle do comportamento pelas drogas, as intervenções no cérebro, a terapia comportamental programando a ação humana e as manipulações genéticas envolvem profundos perigos que afetam a identidade pessoal. Para essas questões vitais a ética tradicional não tem qualquer resposta. Reagindo à questão fundamental de Nietzsche, que se encontra na introdução deste livro, Jonas diz: "Saber se estamos qualificados para esse papel demiúrgico, eis a questão mais grave que se pode colocar para o homem, que se descobre subitamente de posse de um tal poder sobre o destino".

Na verdade o imperativo categórico kantiano – "age de tal sorte que possas igualmente querer que tua máxima se torne uma lei universal" – não pode mais abranger nossa civilização tecnológica. Jonas substitui este imperativo por um novo, que implica tanto a integridade do homem quanto a da vida. Ele introduz sua intenção de formular imperativos categóricos a partir de uma humanidade frágil, alterável e perecível, objeto de tecnologias inquietantes. São eles: "Aja de modo que os efeitos de tua ação sejam compatíveis com a permanência de uma vida autenticamente humana sobre a terra; aja de modo que os efeitos de tua ação não sejam destruidores para a possibilidade futura de tal vida; não comprometa as condições da sobrevivência indefinida da humanidade na terra; finalmente, inclua em tua escolha atual a integridade futura do homem como objeto secundário de teu querer".

Russ resume assim esta abordagem: tenho o direito de arriscar minha própria vida individual, ou pô-la em perigo, mas não a da humanidade futura, transformada em norma e ponto de referência; encarrego-me da humanidade futura que, evidentemente, não fará nada a meu favor. Esta não reciprocidade do imperativo de Jonas constitui-se em elemento característico, já que minha obrigação deixa totalmente de ser a imagem inversa do dever do outro. O único exemplo similar de não reciprocidade na moral tradicional é a obrigação quanto aos filhos; devemo-lhes tudo, sem esperar nada deles. Aqui Jonas reformula a antiga questão de Gottfried W. Leibniz: por que há alguma coisa e não apenas o nada? Por que é preciso preferir o ser ao nada? Eis a resposta de Jonas: o ser vale mais que o não ser; há proeminência absoluta do primeiro em relação ao segundo. A ética desdobra a questão do ser e nela enraíza a teoria dos valores. Do mesmo modo que Platão afasta o niilismo sofista e liga a moral às Essências, Jonas funda o Bem no ser, que vale mais que o não ser.

Para apreender melhor o sentido dessa responsabilidade ontológica, referente ao futuro longínquo, ele oferece duas referências: a responsabilidade parental e a responsabilidade do homem de Estado. A responsabilidade parental, relativa ao filho, compromete para além das necessidades imediatas; é permanente, porque a vida do objeto, que prossegue sem se interromper, apresenta suas exigências a todo momento. Enfim, ela se refere ao futuro da existência da criança. A responsabilidade do homem de Estado deve colocar em causa a vida da coletividade. O homem político – mesmo que movido pelo gosto do poder – visa a um conjunto e se esforça em preservar uma identidade no tempo. Sua ação toma como objeto o ser futuro da humanidade.

Na sociedade pós-moderna, sem a proteção do Estado, o homem volta a sentir com toda força sua dimensão de desamparo. Sigmund Freud nos havia lançado em um mundo sem Deus, renegando o discurso iluminista de uma ciência que garantiria o bem-estar para todos e afirmando não haver fórmula universal para a felicidade. O discurso freudiano colocou a figura do desamparo no fundamento do sujeito, que assume sua feição trágica, marcado pela finitude, pelo imprevisível e pela total incerteza. O mal-estar da civilização está hoje traduzido no desamparo do cidadão da sociedade global. A responsabilidade contemporânea diz respeito, pois, ao futuro longínquo da humanidade, estendendo-se até descendentes muito afastados e, portanto, despojada de qualquer reciprocidade direta. Ela deve estar centrada na preservação futura do ser, já que o ser é infinitamente superior ao não ser.

Como se vê, a responsabilidade de Jonas nada tem a ver com a utopia. Bacon talvez seja o verdadeiro iniciador da utopia moderna: lança o homem na conquista da natureza. Saber, diz Bacon, é poder; dominar as coisas, domar o real, pela descoberta da ordem natural. Mas esse "saber-poder", essa utopia da potência integral, acabou se transformando em potencial ameaça. Passa a exigir de nós "um poder sobre o poder". Sem ele a utopia baconiana degenera em perigo. Um subproduto dessa utopia é o ideal marxista. Unifica escatologia e domínio total da natureza, impulso técnico e práxis revolucionária. Mas enquanto o marxismo introduz o homem total da história, o homem autêntico, Jonas diz que ele sempre terá seus altos e baixos, sua grandeza e sua miséria. Não se trata, pois, de descartar a realidade para só ver o homem dos tempos futuros. A ambiguidade é parte do sujeito e constitutiva dele. "[Mesmo] no futuro, cada satisfação engendrará sua não satisfação, cada paciência sua impaciência."

A nova ética de Jonas assume as perplexidades de Freud. Mas vai além. Afinal, mesmo que constatemos, com Freud, que essa questão se enquadra no conflito entre pulsão e civilização e jamais será ultrapassada por sujeitos que nunca se livrarão do desamparo – só nos restando uma gestão interminável e infinita desse conflito –, ainda assim da qualidade dessa gestão dependerá o nível do desamparo. E ela depende da governabilidade e do conteúdo democrático que soubermos operar em nossas sociedades. Jonas, de certo modo, assume esse otimismo, ainda que dentro dos restritos limites da responsabilidade. Sua ética parte de fundações novas, no suposto de uma responsabilidade engajada e não utópica. Respondemos plenamente pelo ser da humanidade futura. Por isso nos cabe examinar lúcida e responsavelmente o poder das ciências e as técnicas modernas. E, a partir dessa ética ontológica, decidir por quais caminhos devemos ir.

Enfim, são irrespondíveis as perguntas sobre o princípio e o fim, a finitude e a infinidade do mundo, ou sobre o fundamento das coisas. Elas acabam sempre em antinomias e paradoxos. Mas é um equívoco as ciências se comportarem como se esses limites não existissem. A filosofia tem a tarefa de recordar à ciência sua obrigação de avançar até os limites em que o homem se dá conta que não é nada e que com suas próprias forças parece não poder prosseguir; depara com o limite absoluto ou moral. Os defensores da supremacia da técnica sobre a moral dispõem de um argumento sociológico. Jacques Ellul considera a técnica um sistema dotado de autonomia, sujeito a escapar de qualquer controle externo; ele a define "como um discurso sobre o mundo, uma forma de pensar que produz representações da natureza tanto como formas de ação sobre ela". Quanto a isso só se pode contestar com uma concepção humanista de mundo e argumentos éticos. Os partidários da autonomia da técnica argumentam com sua neutralidade, um atributo básico de inocência que a tornaria imune a critérios maniqueístas de "bom" ou "ruim". Mais uma vez Balandier argumenta que a questão central é, sem sombra de dúvida, a da autonomia das técnicas, que permitiria a expansão de seu poder em uma espécie de indiferença por aquilo que lhe é exterior. Essa autonomia contestada só pode ser, portanto, incompleta. As técnicas não estão engajadas em suas trajetórias pelo simples fato de seu movimento: é preciso ajuda de impulsos que lhes são independentes. Elas estão ligadas umas às outras, e seu controle se torna cada vez menos livre, na medida em que se expande de cada uma delas, tratada isoladamente, para seu conjunto. É na sua interação com os espaços sociais que a técnica – em todos os lugares e quase sempre presente – aumenta seu próprio poder. A aliança com as técnicas se negocia continuamente, requer cidadãos esclarecidos, vigilantes e críticos, não consumidores fascinados.

Uma contribuição importante à questão da autonomia das técnicas deve ser buscada em filósofos contemporâneos que acompanhem de perto a evolução da tecnologia da informação e da robótica. É o caso de Dennett, que lembra haver várias razões práticas pelas quais parece não ser uma boa ideia fazer um robô consciente. Se o fizéssemos, ele teria os mesmos direitos dos humanos, e seria imoral de nossa parte exigir que fosse para algum lugar perigoso, frustrante ou enfadonho. Além do mais, a última coisa que se quer é que um robô seja suscetível ao tédio, à ansiedade, ao medo, ao ódio. Se essa é a conclusão ética e moral, basta que se decida não fazê-lo. Essa liberdade é um atributo do homem e de sua civilização. No entanto, suponha que você quisesse viver quinhentos anos a partir de agora e – para tanto – seu corpo tivesse que ser posto em animação suspensa, talvez numa câmara criogênica. Uma maneira seria construir um robô gigante que se moveria desajeitadamente pelo mundo, esquivando-se do mal, provendo-se a si próprio com suficiente energia para preservar a si mesmo e a sua preciosa carga: a cápsula em que você reside. Você não poderia ter comando sobre ele, teria de ceder-lhe o controle. Ele seria autônomo. Você poderia projetá-lo tanto quanto desejasse, mas uma vez que entrasse na cápsula e fechasse a porta, seu destino seria o destino dele; e seria bom que ele tivesse a capacidade de tomar suas decisões inteligentes, decisões que você aprovaria se pudesse fazê-lo.

A única esperança de sucesso em circunstâncias tão dramáticas seria construir um robô essencialmente capaz de aprender, adotar novos projetos e estabelecer por si mesmo novas metas e meios de comunicar-se com outros seres como ele. Em suma, ser capaz de prever os perigos e planejar o futuro. Ora, o custo de dar-lhe todos esses poderes é conceder-lhe também o poder de mudar de ideia sobre o que deve fazer. Essas questões, colocadas de maneira coloquial por Dennett, penetram o âmago da questão da autonomia e do "determinismo" tecnológico. Na verdade, antes de tudo, a tecnologia é uma produção do livre-arbítrio do homem e de sua cultura, informado por seus valores e éticas. O vetor tecnológico pode ter o rumo que a sociedade humana desejar, se for capaz de se organizar em razão dos interesses da maioria de seus cidadãos.

O indivíduo ocidental pós-moderno tende a desenraizar-se do ser, ou nas palavras de Desmond, alienar-se "das fontes metafísicas mais profundas de sua própria energia de ser, concentrado no 'eu' como um vazio insaciável de apetite calculador, pressentindo o outro como uma ameaça sempre possível a sua própria autonomia afirmada em alta voz. As fontes dessa abstração do 'eu' incluem as pressuposições ontológicas da ciência/tecnologia e sua tendência a objetivar todo o ser, o *ethos* capitalista que vê a terra meramente como uma coisa que possui valor de uso, um recurso a ser explorado para fins lucrativos, a burocratização da vida cotidiana e o achatamento dos santuários de intimidade produzido por uma mentalidade empresarial desenfreada" (2000, p.283-4).

Dois mitos gregos interessam a este tema. Os Titãs eram filhos de Gaia, a mãe Terra, e de Urano, o deus do firmamento.

Em certo momento, a Terra os incita a se revoltarem contra Urano. Eles são liderados por Cronos (o Tempo), o mais jovem Titã, que castra Urano com sua foice e, desse modo, põe fim a seu reinado. Outro mito fala da revolta dos Gigantes contra Zeus. Zeus, rei do Olimpo, confinara os Titãs no Tártaro, o mundo inferior. Enfurecidos por esse aprisionamento de seus irmãos, os Gigantes declararam guerra aos olímpicos. Com o tempo, e apenas depois de muita luta, seu poder selvagem foi domado. Na verdade, esses mitos relatam a origem do mal como resultante de um ato de liberdade dos Titãs. Eles matam o bebê Dioniso, cozinham e devoram seu corpo. Zeus pune os Titãs destruindo-os com um raio e, de suas cinzas, cria a raça humana. Temos, pois, um caráter duplo: fazemos parte tanto do mal dos Titãs como da natureza divina de Dioniso.

Giambattista Vico, na entrada do século XVIII, retoma as fábulas sobre os costumes das antiquíssimas gentes da Grécia que contam a história dos brutais gentios da linhagem de Cam, Jafet e Sem. Eles renegaram a religião de seu pai Noé, fundaram os primeiros domínios da Terra onde sepultaram seus antepassados e foram chamados de Gigantes (em grego "filhos da Terra", ou seja, descendentes dos sepultados). Um desses Gigantes é Prometeu, que rouba o fogo do Sol. O poder dos Gigantes sobre a imaginação do homem, seu descendente, ainda está presente. As crianças pós-modernas ainda ficam aterrorizadas por contos como "João e o pé de feijão", em que um Gigante de grande poder físico devora os homens fracos, nutrindo-se da carne fresca de suas vítimas. Nossa origem, portanto, é simultaneamente ética e brutal.

Tais histórias revelam a noção de que os inícios humanos e, portanto, éticos, foram em parte selvagens e brutais. Os Gigantes ainda estão em nós. Eles misturam com promiscuidade a Terra e o Céu, poderes divinos e animais, deuses e feras;

espelham a contradição do desejo humano, aprisionado entre os ideais mais elevados e os mais vis poderes; apresentam uma imagem dos originais grosseiros que têm ainda de ordenar o caos e trazer à luz um "eu" mais civilizado. Desmond lembra que "o processo civilizador como intermediação ética da alteridade desvia esse poder do prazer da destruição para a construção de uma vida que ofereça um prazer mais duradouro" (2000, p.291-2). Rumores, na verdade traços do caos, permanecem no ar puro. Gigantes ainda dormem em nossas cavernas profundas. Eles são uma metáfora para o incorrigível estado de natureza, ainda protegidos da ira divina. Prometeu, sendo um Titã, personifica a *techné*, o poder sem a sabedoria política ou ética. Irão os Gigantes pós-científicos, Prometeus do Iluminismo, sair das sombras de nossas cavernas tecnológicas e fazer-nos sentir novamente o velho medo do Trasímaco de Platão, de um poder sem justiça?

De um lado, ressurge a ideia faustiana do excesso, da recusa de limites desenhados ao infinito. De outro, a possibilidade de tomar o lugar dos deuses e construir um mundo no qual o homem se torne o artesão por sua única determinação. Essa situação reintroduz complexos dilemas. Immanuel Kant afirma ser a experiência o único lugar seguro. Queremos erigir uma torre que alcance os céus; no entanto, somente conseguimos edificar uma casa que seja suficientemente espaçosa e alta para as nossas necessidades no plano da experiência. Mas por que os homens tentam tão insistentemente ultrapassar os limites que lhes são impostos? Porque são instigados a isso do fundo do seu ser. Se renunciassem a esse impulso, não seriam mais homens. O tamanho do desafio, no entanto, pode ser brutal e aniquilador se não for informado por uma ética. Pela voz desatinada e premonitória do louco de sua história "O insensato", Nietzsche constata, estarrecido, que sua advertência pode ter chegado cedo demais: "Não ouvistes falar desse louco que, em pleno dia, acendia uma lanterna e corria pela praça do mercado, gritando sem cessar: 'Procuro Deus! Procuro Deus!'. E como lá se achavam reunidos precisamente muitos que não acreditavam em Deus, ele provocou uma grande gargalhada. 'Então, Deus se perdeu?' – dizia um. 'Perdeu-se como uma criança?' – dizia outro. 'Ou escondeu-se? Tem medo de nós? Embarcou num navio? Emigrou?' – assim gritavam e riam todos ao mesmo tempo. O louco precipitou-se no meio deles e atravessou-os com o olhar. 'Para onde foi Deus?' – gritou. 'Quero dizer-lhes! *Nós o matamos* – vós e eu. Nós todos somos seus assassinos! Mas como fizemos isso? Como pudemos esvaziar o mar? Quem nos deu a esponja para apagar todo o horizonte? O que fizemos quando separamos esta Terra de seu Sol? Para onde ela se movimenta agora? Para onde nos levam os seus movimentos? Para longe de todos os sóis? Não estamos caindo sem cessar? Para trás, para o lado, para a frente, para todos os lados? Existem ainda um acima e um abaixo? Não erramos como através de um nada infinito? O espaço vazio não sopra sobre nós? Não faz mais frio? Não vem a noite e cada vez mais noite? Não é preciso acender lanternas em pleno dia? Não ouvimos ainda o ruído dos coveiros que enterraram Deus? Não sentimos putrefação divina? Também os deuses apodrecem! Deus está morto! Deus permanece morto! E fomos nós que o matamos! Como nos consolaremos, nós, os assassinos de todos os assassinos? O que o mundo possuía de mais sagrado e mais poderoso perdeu seu sangue sob nossas lâminas – quem lavará esse sangue de nossas mãos? Com que água poderemos purificar-nos? Que expirações, que jogos sagrados teremos de inventar? A grandeza desse ato não é demasiado grande para nós? Não temos de converter-nos em deuses, para parecermos dignos desse ato? Nunca houve ato mais grandioso – e quem nascer depois de nós fará parte, por causa desse ato mesmo, de uma história superior a tudo o que foi a história até agora'. Aqui se calou o louco e encarou outra vez os seus ouvintes; também eles se calavam e o olhavam com estranheza. Por fim, atirou ao chão a lanterna, que se partiu em pedaços e se apagou. 'Vim cedo demais', disse então: 'Ainda não é chegado o meu tempo. Esse enorme acontecimento ainda está a caminho e viaja – ainda não atingiu os ouvidos dos homens. O relâmpago e o trovão precisam de tempo, depois de terem sido realizados, para serem vistos e ouvidos. Esse ato está ainda mais distante dos homens que o astro mais distante – e no entanto foram eles que o realizaram!"

7
Os pragmatistas e a distinção entre moral e prudência

A maioria daqueles que, como eu, julgam alinhar-se ao pensamento pós-moderno anseia por uma forma de reunir realidade e justiça em uma única visão, ou seja, fundir seu sentido de responsabilidade moral e política com a compreensão dos determinantes finais de nosso destino. Querem ver solidariedade, poder e justiça materializados na natureza profunda das coisas, na "alma" humana ou na estrutura da linguagem. Procuram algum tipo de garantia de que sua percepção intelectual ou sensibilidade estética, inclusive seus momentos de êxtase, sejam de alguma relevância para suas convicções morais. Creem que virtude e conhecimento são de alguma forma conectados, e que a filosofia é a base para a ação correta. Boa parte da reflexão que aqui faço sobre poder, tecnologia e progresso segue essa trilha.

Os filósofos pragmatistas, no entanto, nos fornecem uma perspectiva alternativa radical a essa visão impregnada da ética e da moral de Kant e Platão. Utilizando uma deliberada imprecisão, uma maneira peculiar de fazer o que Heidegger chamava de "ultrapassar a metafísica", eles limitam-se a oferecer respostas vagas e imprecisas, porque esperam que o futuro os surpreenda e os estimule. É a perspectiva, e não o ponto final, que lhes importa.

Os pragmatistas não acreditam que haja um modo como as coisas realmente são. Por isso, querem distinguir o propriamente moral do meramente prudente, e substituir a distinção entre aparência e realidade pela diferença entre as descrições do mundo – e de nós mesmos – que são menos úteis e aquelas que são mais úteis. O sentido de utilidade aqui está relacionado à possibilidade de criar um futuro melhor, contendo mais daquilo que consideramos bom e menos do que consideramos ruim.

Vou aprofundar essa visão e tentar verificar sua contribuição quanto à eventual formulação de uma ética para os novos tempos. Como distinguir moralidade de prudência? Dewey via prudência como pertencente aos conceitos de hábito e costume. Prudência, conveniências e eficiência são termos que descrevem essas adaptações rotineiras e incontroversas às circunstâncias. Já lei e moralidade aparecem quando surgem as controvérsias, quando o hábito e o costume já não são suficientes. Dewey, Baier e Hume compartilham da mesma desconfiança em relação à noção de "obrigação moral". Os três veem as circunstâncias temporais da vida humana como já suficientemente difíceis para precisarmos adicionar-lhes obrigações imutáveis e incondicionais. Nessa visão, obrigação moral não tem uma natureza – ou uma fonte – diferente da tradição, do hábito e do costume. A moralidade é simplesmente um costume novo e controverso; a obrigação especial que sentimos quando usamos o termo *moral* é a necessidade de agir de maneira relativamente nova e ainda não testada, o que pode ter consequências imprevisíveis e perigosas. Nossa percepção de que a moralidade é heroica – mas a prudência não – seria meramente o reconhecimento de que testar o que é relativamente inédito é mais perigoso e mais arriscado do que fazer o que ocorre naturalmente.

Platão ensinou ao Ocidente a distinção entre razão e paixão como sendo análoga à distinção entre universal e individual ou entre ações altruístas e ações egoístas. As tradições religiosa platônica e kantiana nos legaram uma distinção entre o verdadeiro e o falso *self,* entre o *self* do chamado da consciência e aquele apenas interessado em si mesmo. Este último ainda não seria moral, mas meramente prudente. Enquanto para Kant a moralidade é uma questão de razão, Richard Rorty pensa que "nós pragmatistas temos mais simpatia pela sugestão de Hume de que a moralidade é uma questão de sentimento. Mas preferiríamos rejeitar a escolha e deixar de lado, de uma vez por todas, a velha psicologia grega das faculdades. Recomendamos abandonar a distinção entre duas fontes que funcionam separadamente, a de crenças e a de desejos. Ao invés de trabalhar dentro dos limites dessa distinção, que constantemente nos ameaça com a imagem de uma divisão entre um *self* real e outro verdadeiro, podemos mais uma vez recorrer à distinção entre o presente e o futuro. ... Não há, entretanto, nenhuma razão para se pensar que as crenças que justificamos com maior facilidade sejam as que têm maior probabilidade de serem verdadeiras. Embora estejamos inclinados a dizer que a verdade é o objetivo da investigação, investigação e justificação são atividades nas quais nós, usuários da linguagem, não podemos deixar de nos engajar. Nós não precisamos de um objetivo chamado verdade para nos auxiliar nisso. Só haveria um objetivo mais elevado da investigação se houvesse algo como a justificação última, diante de Deus ou do tribunal da razão. Seria necessário ter o que Putnam chamou de uma *perspectiva do olho de Deus*. Se tal tribunal não tivesse esse poder, sempre restaria a possibilidade de que fosse tão falível quanto o que julgou Galileu. A evolução biológica produz sempre espécies novas, e a evolução cultural produz sempre audiências novas. Não há algo como o fim da investigação".

Já Dewey acha que há pouco a ser dito sobre a verdade. A busca da certeza é uma tentativa de fugir do mundo. Dizer a uma pessoa que ela deve substituir o conhecimento pela esperança é dizer que ela deve parar de se preocupar se suas crenças atuais estão bem fundamentadas e começar a se preocupar em se tornar imaginativa o suficiente para criar alternativas interessantes a essas crenças.

Mas seria a busca platônica infrutífera? Desde o século XVII os filósofos vêm sugerindo que talvez nunca conheçamos a realidade, já que há um véu que nos separa dela – um véu de aparências produzido pela interação entre sujeito e objeto, entre a constituição de nossos órgãos sensoriais ou nossas mentes e o jeito como as coisas são em si mesmas. Começou com Herder e Humboldt a ideia de que é a linguagem que forma essa barreira, impondo aos objetos características que podem não ser intrínsecas a eles. Filósofos como William James, Friedrich Nietzsche, Donald Davidson, Jacques Derrida, Hilary Putnam, John Dewey e Michel Foucault esforçaram-se por livrar-se dos dualismos metafísicos que a tradição filosófica ocidental herdou dos gregos: as distinções entre essência e acidente, substância e propriedade, aparência e realidade. Eles acham que nunca seremos capazes de pisar do lado de fora da linguagem ou apreender uma realidade que não seja mediada por uma descrição linguística. As práticas linguísticas estão tão entrelaçadas com as outras práticas sociais que nossas descrições da natureza, assim como nossas descrições de nós mesmos, acabariam sendo uma função de nossas necessidades sociais.

Os pragmatistas tentam resolver essa questão afirmando que a utilidade é a meta da investigação, não a verdade. Seriam os objetos meros artefatos de linguagem? Mas os objetos não antecedem nossa identificação? Não há dúvidas de que havia árvores e estrelas antes de existir a linguagem. A existência anterior, contudo, não ajuda a dar sentido à questão: "O que são as árvores e as estrelas independentemente de suas relações com as coisas – independentemente de nossas sentenças sobre elas?". De fato, o lamento kantiano de que estamos para sempre aprisionados atrás do véu da subjetividade é uma afirmação sem sentido, porque tautológica; algo que definimos estar além do nosso conhecimento está, infelizmente, além desse conhecimento.

Para Dewey, a única coisa especificamente humana é a linguagem. A história de como passamos dos grunhidos e cutucões dos neandertais aos tratados filosóficos alemães não é, contudo, mais descontínua que a história de como passamos das amebas aos antropoides, e desenvolve-se num contínuo a partir da evolução biológica. Numa perspectiva evolucionista, não haveria diferença entre aqueles grunhidos e os tratados filosóficos, salvo uma diferença de complexidade. Em sua visão, os filósofos que fizeram distinções incisivas entre razão e experiência, ou entre moralidade e prudência, procuraram transformar uma importante diferença de grau numa diferença de tipo metafísico.

De certo modo, a influência conjunta de Hegel e Darwin ajudou a desviar a filosofia da pergunta "O que nós somos?" e a dirigiu para "O que podemos procurar nos tornar?". Platão e até mesmo Kant tinham a esperança de investigar a sociedade e a cultura na qual viviam a partir de um ponto de vista exterior, o ponto de vista da verdade indiscutível e imutável. Na exata medida em que passaram a levar o tempo a sério, os filósofos tiveram que desistir da prioridade da contemplação sobre a ação e concordar com Marx que sua tarefa é contribuir para tornar o futuro diferente do passado, em vez de afirmarem conhecer o que futuro necessariamente tem em comum com o passado. Rorty, por exemplo, propõe mudar o tipo de papel social que os filósofos compartilhavam com os sacerdotes e os sábios para um papel social que tem mais em comum com o dos engenheiros ou dos advogados. Ele acha que, enquanto os sacerdotes e os sábios podem estabelecer suas próprias listas de prioridades, os filósofos contemporâneos deveriam descobrir de que as sociedades – seus clientes – precisam.

Desistir de Platão e Kant, no entanto, não é o mesmo que desistir da filosofia. Hoje podemos dar descrições do que Platão e Kant estavam fazendo que são melhores do que as descrições que eles mesmos eram capazes de oferecer. Apenas uma sociedade sem política e que fosse governada por tiranos que evitam mudanças sociais e culturais não precisaria mais de filosofia. Em sociedades livres, sempre haverá necessidade dos serviços dos filósofos, uma vez que elas nunca param de mudar e, consequentemente, de tornar obsoletos os velhos vocabulários.

Um bom exemplo é a questão dos direitos humanos universais, considerados indiscutíveis. Eles são os motores ocultos de grande parte da política contemporânea. Na perspectiva de um pragmatista, no entanto, a noção de "direitos humanos inalienáveis" é um *slogan* tão bom – ou tão ruim – quanto a de "obediência à vontade de Deus". Qualquer um desses, quando invocado como um motor oculto, é simplesmente uma maneira de dizer que esgotamos nossos recursos argumentativos. "Mas *existe* um Deus?" "Os seres humanos realmente *têm* esses direitos?" A sugestão de Nietzsche é de que tanto Deus quanto os direitos humanos são superstições, maquinações engenhosas dos fracos para se proteger dos fortes. A resposta dos pragmatistas é de que não há nada de errado com as maquinações engenhosas. A questão da fraternidade humana só poderia ter ocorrido aos fracos, o que de nenhuma forma depõe contra a ideia de direitos humanos. Os pragmatistas concordam com Nietzsche que a referência a direitos humanos é apenas uma maneira conveniente de sumariar certos aspectos de nossas práticas reais ou propostas. Dizer que Deus quer que demos boas-vindas ao estranho que bate à nossa porta é dizer que hospitalidade é uma das virtudes das quais nossa comunidade mais se orgulha.

Aqueles que se consideram pós-modernos veem as sociedades liberais atuais como fatalmente comprometidas; outros a veem como uma sociedade na qual a tecnologia e as instituições democráticas podem, se tivermos alguma sorte, contribuir para aumentar a igualdade social e reduzir o sofrimento. Para vários pragmatistas, o progresso científico trata de penetrar as aparências até deparar com a realidade; é uma questão de integrar mais e mais dados em uma teia de crenças coerente. Um dado curioso é que os deweianos são sentimentalmente patrióticos a respeito dos EUA. Embora sempre prontos ao risco de desviar-se para o fascismo a qualquer momento, ainda assim são orgulhosos de seu passado e cautelosamente esperançosos sobre seu futuro. Querem reconhecer que o capitalismo do bem-estar social é o melhor que se pode esperar.

Será que esses conceitos dos filósofos pragmatistas podem nos fazer prescindir da ideia de que desenvolvimentos científicos ou políticos requerem "fundamentações filosóficas" para evitar que se tornem perversos? E que devemos suspender o juízo a respeito da legitimidade de inovações culturais até que os filósofos as tenham reconhecido como autenticamente racionais? O vanguardismo filosófico comum a Marx, Nietzsche e Heidegger – a ansiedade de renovar tudo de uma só vez e insistir que nada pode mudar a não ser que tudo mude – deve ser uma das tendências filosóficas contemporâneas a serem desencorajadas? E que dizer da insistência de que nada pode mudar a não ser que nossas crenças filosóficas mudem?

Pragmatistas como Rorty pensam no progresso moral mais como o processo de costurar uma imensa, policromática e elaborada colcha de retalhos do que como alcançar uma visão mais clara de algo verdadeiro e profundo. Gostariam de substituir as metáforas tradicionais de profundidade e elevação por metáforas de alargamento e extensão; ir minimizando uma diferença de cada vez: a diferença entre cristãos e muçulmanos em certo vilarejo na Bósnia, a diferença entre negros e brancos em uma certa cidadezinha do Alabama, a diferença entre gays e heterossexuais em uma certa congregação religiosa em Quebec. E propõem costurar grupos como esses com uma infinidade de pequenos pontos – invocar uma porção de pequenas coisas comuns aos seus membros, em vez de especificar a única e grandiosa humanidade comum entre eles. Seria essa uma visão ingênua ou profundamente realista? Se a negarmos em benefício de uma moral kantiana, no entanto, ficamos com o problema de como criar referências éticas externas e introjetá-las de forma a fazê-las suficientemente necessárias a ponto de alterar lógicas que maximizem, por exemplo, interesses econômicos determinantes.

8
A sociedade e a legitimidade da ciência restauradas por uma nova hegemonia

Como procurei demonstrar ao longo deste livro, no capitalismo global é basicamente a liderança tecnológica que determina a condição hegemônica dos capitais e dos Estados que a detêm. É por meio dela que são impostos os padrões gerais de acumulação.

Com o fim da guerra fria e da corrida espacial, tornou-se marginal o papel dos Estados nacionais na definição dos vetores tecnológicos. Esses, ao serem determinados principalmente pelo setor privado, adquiriram autonomia com relação a preocupações de natureza social ou de políticas públicas, submetendo-se fundamentalmente à lógica do capital.

As consequências dessa autonomização da técnica com relação a valores éticos e normas morais utilizados ou definidos pela sociedade constituem um dos mais graves problemas com os quais tem que se confrontar o pujante capitalismo global. Eles vão do aumento da concentração de renda e da exclusão social ao desequilíbrio ecológico e ao risco de manipulação genética; e podem implicar o esgotamento da própria dinâmica de acumulação capitalista, por conta de uma eventual crise de demanda. É tarefa urgente, pois, identificar, qualificar e desmontar o mito do progresso técnico e de sua irreversibilidade, de modo a procurar dirigir a evolução da técnica a fim de torná-la um efetivo fator de evolução social para todos.

O capitalismo global caracteriza-se por ter na inovação tecnológica um instrumento de acumulação em nível e qualidade infinitamente superiores aos experimentados em suas fases anteriores; e por utilizar-se intensamente da fragmentação das cadeias produtivas propiciada pelos avanços das tecnologias da informação.

As origens da sociedade da informação remontam ao fim da década de 1960, quando se evidenciava uma excessiva acumulação de poder da classe trabalhadora organizada em sindicatos. É nesse momento que o capital passa a desenvolver tecnologias revolucionárias que resultaram na fragmentação das cadeias de produção, fato que permitiu um novo desenho e distribuição espacial dos processos produtivos.

Como consequência, ocorreu uma forte alteração na correlação de forças entre as classes sociais que culmina, na década de 1980, com a instauração de uma nova situação estrutural do conflito capital/trabalho. Há uma perda substancial do poder dos sindicatos, quer pelo fato de tais tecnologias serem fortemente poupadoras de mão de obra, quer em virtude de elas permitirem uma maior flexibilização e uma reorganização do trabalho que, em última análise, tornaram mais precárias as condições do trabalhador. É o caso da terceirização, do trabalho a distância, das atividades informais. Esse processo acabou conduzindo ao desemprego, à precarização do trabalho, à concentração de renda e à exclusão social.

A presente e excepcional posição dos Estados Unidos não pode ser considerada um paradigma para o resto do mundo, como se tem procurado demonstrar. Ela decorre, ao contrário, de sua condição hegemônica. Na sociedade da informação, tal hegemonia se dá mediante a liderança na morfologia das redes, em torno das quais as funções e os processos dominantes estão cada vez mais organizados. São redes, dentre outras, os fluxos financeiros globais; a teia de relações políticas e institucionais que governa os blocos regionais; a rede global das novas mídias que define a essência da expressão cultural e da opinião pública. Elas constituem a nova morfologia social de nossas sociedades, e a difusão de sua lógica altera radicalmente a operação e os resultados dos processos produtivos, bem como o estoque de experiência, cultura e poder. Os fatores ligados ao desenvolvimento e ao uso das novas tecnologias acabaram, pois, permitindo aos Estados Unidos a consolidação de uma fase virtuosa que tem garantido a esse país um longo ciclo de crescimento, desigual ao restante da economia global, permitindo reforçar sua hegemonia tenazmente construída a partir dos dois conflitos mundiais.

Na pós-modernidade, a utopia dos mercados livres e da globalização se torna a grande referência. Mas o efêmero, o vazio, a crise pairam no ar. O paradoxo parece ser a única forma para qualquer coisa e a ciência vencedora começa a admitir que seus efeitos possam ser perversos. Ela é simultaneamente hegemônica e precária. A capacidade de produzir mais e melhor não cessa de crescer. Mas tal progresso traz consigo desemprego, exclusão, pauperização, subdesenvolvimento. As tecnologias da informação encolhem o espaço. Alguma coisa desaparece nesses buracos negros nos quais as pessoas estão sempre separadas. Nada mais parece impossível. Cresce, assim, o sentimento de impotência diante dos impasses, da instabilidade, da precariedade das conquistas. O homem atual se sente sem rumo. Não estará ele também em uma corda sobre o abismo, atada entre o animal e o super-homem?

Novos instrumentos intelectuais, ainda não disponíveis, parecem necessários para um mergulho profundo nessas incertezas e dúvidas, sem que nos deixemos levar pelas armadilhas e maravilhas de futurólogos deslumbrados. Nos palcos eletrônicos da sociedade global, as figuras do ganhador e do ostentador personificam os novos mitos fugazes e os frágeis. Nunca a tirania das imagens e a submissão ao império das mídias foram tão fortes. A produção econômica moderna espalha sua ditadura; o consumo alienado torna-se para as massas um dever suplementar, um verdadeiro instrumento de busca da felicidade, um fim em si mesmo.

A dominação do econômico sobre o social operou sucessivas degradações, primeiro do "ser" para o "ter", em seguida do "ter" para o "parecer-ter". Às atuais massas excluídas resta apenas o "identificar-se-com-quem-parece-ser-ou-ter" através do espetáculo a distância, um virtual feito real pelas mídias globais. O espetáculo é a reconstrução material da ilusão religiosa, a realização técnica do exílio, a cisão consumada do interior do homem.

A *performance* define o lugar social de cada um. O sujeito da pós-modernidade é "performático", está voltado para o gozo a curto prazo e a qualquer preço, reduzindo a importância dada àquilo que toma tempo e a aceitação dos sacrifícios que isso impõe. É a certeza de que a democracia – conjugada ao liberalismo e ao mercado – definitivamente triunfou. Proclama-se que, trilhando esse caminho, algumas sociedades chegarão à mínima imperfeição.

A sobrevivência da humanidade como espécie, no entanto, está posta progressivamente em risco e irá depender de um enorme esforço conjunto de toda a raça humana. E a esperança de que, um dia, uma parte razoável dos seres humanos possa atingir o atual padrão médio norte-americano tem toda a chance de constituir uma falsa premissa, já que isso exigiria os recursos naturais de mais dois planetas iguais ao nosso. Paradoxalmente, embora saibamos ter de preservar a velha mãe Terra, continuamos a destruir seus frágeis ecossistemas naturais, envenenar as águas e poluir o ar com o uso irresponsável da tecnologia.

A ciência atual tem enorme capacidade de gerar inovações e saltos tecnológicos, adquirindo uma auréola mágica e determinista que a coloca acima da moral e da razão. A razão técnica parece ter lógica própria e poder ilimitado, legitimando-se por si mesma. Os riscos envolvidos são camuflados pelas mídias globais que deificam as conquistas científicas como libertadoras do destino da humanidade, impedindo julgamentos e, principalmente, escolhas e opções. O deslumbramento diante da novidade tecnológica e a ausência total de valores éticos que definam limites e rumos poderão estar incubando tanto novos deuses, que conduzirão a humanidade à sua redenção, como serpentes cujos venenos ameaçarão sua própria sobrevivência. Afinal, uma vez que matamos os deuses e descobrimos que nossas crenças e valores se formaram em resposta a nossas necessidades e interesses – e que elas foram forjadas pelo homem e não originadas do sagrado –, por que não deixar nosso destino nas mãos dos magos da ciência que nos prometem a felicidade e a vida eterna?

O grande problema é que o saber atual encontra-se a serviço do capital, que não tem compromisso estrutural com a preservação da Terra e, menos ainda, com o bem-estar da humanidade. A inexorabilidade do progresso técnico e da neutralidade dos cientistas é um sofisma extremamente funcional para o processo de acumulação do capital. Faz parte de um modelo que se transformou em vitorioso e hegemônico, da mesma forma que a vitória do indivíduo sobre o conjunto, personificado pela sociedade norte-americana. Questões como o prolongamento da vida, o controle do comportamento e a manipulação genética são um salto qualitativo pleno de dúvidas e perigos, assim como fora a descoberta da energia nuclear. O progresso técnico não é determinista nem são neutras as obras dos cientistas. Afinal, o saber não pode, como tal, ser isolado de suas consequências.

Um claro paradoxo se instala nas sociedades pós-modernas. Ao mesmo tempo que elas se libertam das amarras dos valores de referência, a demanda por ética e preceitos morais parece crescer indefinidamente. A cada momento um novo setor da vida se abre à questão do dever. Para Lyotard, na medida em que busca a verdade, a ciência faz sobre si própria um discurso de legitimação, chamado filosofia. Quando esse metadiscurso recorre explicitamente a algum grande relato, costuma-se chamar essa ciência de moderna. No relato das Luzes, por exemplo, o herói do saber trabalha por um bom fim ético-político, a paz universal. Esgotados os metarrelatos, onde se poderá encontrar a legitimação? O saber científico é uma espécie de discurso. Desde a metade do século XX as ciências e as técnicas de vanguarda versam sobre a linguagem, os problemas da comunicação e a cibernética, as matemáticas modernas e a informática, compatibilidades entre linguagens e máquinas, bancos de dados e terminais inteligentes. A genética deve seu paradigma teórico à cibernética. Normalizando, miniaturizando e comercializando os aparelhos, modificam-se as operações de aquisição, classificação, acesso e exploração dos conhecimentos. A orientação das novas pesquisas se subordina à condição de tradutibilidade dos resultados eventuais em linguagem de máquina. Com a hegemonia da informática, impõe-se uma certa lógica e um conjunto de prescrições que versam sobre enunciados aceitos como se estivessem versando sobre "o saber". O antigo princípio segundo o qual a aquisição do saber é indissociável da formação do espírito cai em desuso. A relação entre fornecedores e usuários do conhecimento e o próprio conhecimento tende a assumir a forma valor. O saber, produzido para ser vendido, deixa de ser o fim para si mesmo.

As novas tecnologias na área do átomo, da informação e da genética causaram um crescimento brutal dos poderes do homem, agora sujeito e objeto de suas próprias técnicas. Isso ocorre num estado de vazio ético no qual as referências tradicionais desaparecem e os fundamentos ontológicos, metafísicos e religiosos da ética se perderam. Os novos valores da pós-modernidade mergulham em total niilismo. É a partir da morte das ideologias, das grandes narrativas totalizadoras e dos sistemas unitários que se impõe, pois, reencontrar o "dever-ser". Em meio à incerteza e à deslegitimação, urge encetar uma nova busca axiológica.

O desafio é como possibilitar, na era dos homens "vazios", voltados às escolhas privadas, redescobrir uma macroética, válida para a humanidade no seu conjunto. Faz-se necessária uma nova teoria da responsabilidade que recoloque o último pensamento ético, o do indivíduo como sujeito moral de sua conduta. Ela tem que se centrar na humanidade *frágil* e *perecível*, perpetuamente ameaçada pelos poderes do homem, que se tornou perigoso para si mesmo, constituindo agora seu próprio risco absoluto. O novo princípio da responsabilidade para a sociedade pós-moderna corresponde, pois, à idade do pós--dever, à sociedade pós-moralista, ao minimalismo ético. Trata-se de uma ética "razoável", um esforço de conciliação entre valores e interesses. É preciso emergir um "*tu deves*" como horizonte da ciência e obedecer a algumas normas éticas fundamentais.

O imperativo categórico kantiano, "age de tal sorte que possas igualmente querer que tua máxima se torne uma lei universal", embora sempre pertinente pela consciência dos riscos e do grau de liberdade que a ação individual comporta, já não é mais suficiente para abranger toda a complexidade da nossa civilização tecnológica. Cumpre formular imperativos categóricos a partir de uma humanidade frágil, alterável e perecível, objeto de tecnologias inquietantes. Temos o direito de arriscar nossa própria vida individual, ou pô-la em perigo, mas não a da humanidade futura, transformada em norma e ponto de referência. Encarregarmo-nos da humanidade futura, evidentemente, não admite reciprocidade. Situa-se no mesmo plano da responsabilidade parental, relativa ao filho, com o qual se compromete para além das necessidades imediatas; ou a responsabilidade do homem de Estado, que tem como causa a vida da coletividade. O homem político – mesmo que movido pelo gosto do poder – olha o conjunto e esforça-se em preservar uma identidade no tempo. Sua ação toma como objeto o ser futuro da humanidade.

Nosso "saber-poder", essa utopia da potência integral, acabou se transformando em potencial ameaça para a humanidade. Passa a exigir de nós "um poder sobre o poder", já que temos de responder plenamente pelo ser da humanidade futura. Por isso, cabe-nos examinar lúcida e responsavelmente o poder das ciências e as técnicas modernas. São irrespondíveis as perguntas sobre o princípio e o fim, a finitude e a infinidade do mundo, ou sobre o fundamento das coisas. Mas é um equívoco as ciências se comportarem como se esses limites não existissem. A filosofia tem a tarefa de recordar à ciência sua obrigação de avançar até os limites em que o homem se dá conta de que não é nada; e que, com suas próprias forças, parece não poder prosseguir. Ela precisa ajudá-lo a lidar com o limite absoluto ou moral.

A questão central a enfrentar é como regular o uso das técnicas decorrentes do conhecimento científico, que avança para novas e espetaculares áreas envolvendo a própria natureza do ser, a condição de alterar a vida e o poder de mudar radicalmente as condições de produção e o meio ambiente. As novas competências que essas tecnologias permitem ao homem exercer contêm, simultaneamente, possibilidades de redenção e de destruição. Se bem exercidas, submetidas aos interesses gerais das sociedades, poderão vir a ser um importante instrumento para o desenvolvimento da humanidade. Por outro lado, submetidas unicamente ao interesse do capital e de sua acumulação, essas mesmas tecnologias podem levar a efeitos sinistros e devastadores. O desafio é saber como a humanidade pode se preparar para arbitrar esses caminhos, de modo a evitar os riscos que não esteja disposta a enfrentar e estabelecer um controle social sobre as decisões tomadas pelo setor privado no campo das técnicas.

Assim, a principal dificuldade é a de definir quais os papéis da sociedade civil e do Estado nas sociedades pós-modernas no que toca às questões enunciadas. Embora este seja um tema que mereça estudo próprio, creio ser importante fazer aqui alguns comentários.

O problema maior em recuperar o controle sobre a ciência – a partir de novos referenciais éticos – é que o Estado nas sociedades pós-modernas continua em fase de desmonte. Seus antigos papéis já não são mais possíveis, seus novos papéis ainda não estão claros. Suas estruturas anacrônicas e sua clássica ineficiência levaram a uma imensa onda de privatizações – na maioria dos casos plenamente justificadas pela lógica da eficácia econômica –, que deveria ter correspondido a um enorme avanço do seu aparato regulatório e fiscalizador. Isso nem sempre ocorreu. Os partidos políticos e lideranças mundiais, por sua vez, estão envolvidos em clara crise de legitimidade, seja pela dissonância crescente entre discurso e práxis seja pela crescente influência do poder econômico nos processos democráticos, tornada pública pelas amplas denúncias de corrupção e suborno. Além do mais, esta é uma época em que os grandes *lobbies*, ainda que institucionalizados, agigantam-se a serviço de interesses privados em razão do poder crescente das corporações transnacionais, submetidas a um contínuo processo de concentração. Como consequência, os Estados nacionais e suas representações políticas enfraquecem sua condição de legítimos representantes das sociedades civis. O que nos remete à questão da representatividade das democracias nas sociedades pós-modernas.

É preciso, pois, aprofundar a discussão a respeito do papel indutor e regulador do Estado, isto é, se cabe a ele – ou à sociedade civil por meio dele – definir padrões éticos que condicionem a aplicação das técnicas e o exercício de hegemonias delas decorrentes.

O conceito de hegemonia que agora utilizo, semelhante ao de Giovanni Arrighi, refere-se basicamente à capacidade de um Estado ou grupo social exercer funções de liderança e governo sobre um sistema de nações soberanas ou sobre uma sociedade por inteiro. Vai muito além da dominação, implicando a capacidade efetiva de exercer liderança intelectual e moral. Fica na linha das reflexões de Antonio Gramsci sobre a supremacia de um grupo social que domina grupos antagônicos e lidera grupos afins e aliados, em busca da conquista e manutenção do poder visando determinados objetivos explicitados em seu discurso moral. Trata-se de uma reformulação da concepção de Nicolau Maquiavel sobre o poder como uma combinação de consentimento e coerção. A hegemonia é aqui entendida como um poder adicional conquistado por um grupo dominante em virtude de sua capacidade de colocar em um plano "universal" as questões que estão gerando conflito.

Embora haja sempre o risco da alegação desse grupo dominante – de representar o interesse geral – ser mais ou menos fraudulenta, a hegemonia surge somente quando essa alegação é parcialmente verdadeira e mantém-se continuamente legitimada pelos processos políticos democráticos. Quando, em qualquer momento, essa alegação de representar o interesse geral for totalmente fraudulenta, estará criada a condição para o fracasso da hegemonia. Assim, um Estado ou um partido político (ou uma coligação deles) exerce função hegemônica quando é capaz de liderar um sistema de Estados ou uma sociedade numa direção desejada e, com isso, seja percebido como buscando um interesse geral. Esse tipo de liderança torna hegemônico o Estado ou a coligação.

A antítese sociedade civil/Estado, ou seja, estrutura e superestrutura, é fundamental ao sistema marxista. Para Gramsci, a sociedade civil não pertence ao momento da estrutura, mas ao da superestrutura. Ele trabalha em dois planos superestruturais: o da sociedade civil e o da sociedade política ou Estado. O primeiro exerce a hegemonia do grupo dominante sobre a sociedade; o segundo, o comando direto por meio do Estado e do ordenamento jurídico. Segundo ele, a história de um povo não pode ser documentada apenas pelos fatos econômicos. "Pode-se empregar o termo catarse para indicar a passagem do momento meramente econômico (ou egoísta-passional) para o momento ético-político, ou seja, a elaboração superior da estrutura em superestrutura na consciência dos homens. Isso significa também a passagem do objetivo ao subjetivo e da necessidade à liberdade." No entanto, só por meio do conhecimento objetivo o sujeito ativo tornar-se-ia livre e em condições de transformar a realidade. As ideologias apareceriam sempre depois das instituições, como as justificativas póstumas e mistificadas – mistificantes do domínio de classe.

Em Gramsci, o termo "hegemonia" tem um sentido de direção política e de direção cultural. Para ele, o partido moderno está relacionado à formação da vontade coletiva e à reforma intelectual e moral. Reforma é colocada em um sentido forte, em antítese ao fraco ("reformador", como antítese de "reformista"). O momento da força é instrumental, portanto subordinado ao momento da hegemonia. A conquista da hegemonia precederia a conquista do poder; ela não visaria apenas à formação de uma vontade coletiva, mas também à elaboração, difusão e racionalização de uma nova concepção de mundo. A hegemonia seria o momento de soldagem entre determinadas condições objetivas e a dominação de fato de um determinado grupo dirigente; esse momento ocorreria dentro da sociedade civil.

A busca de uma nova hegemonia da sociedade civil sobre a qual seja possível reconstruir um Estado apto a lidar com os desafios da sociedade pós-moderna passa pela solução da questão da legitimidade do saber científico. Isso pressupõe rever a ideia de progresso, sem abrir mão de que os povos devam ter direito aos benefícios da ciência e das técnicas. Para evoluir nessa reflexão é preciso aprofundar o complexo tema de legitimidade das conquistas da tecnologia da informação *vis-à-vis* os justos fins da vida moral e política.

A ciência pós-moderna é o instrumento essencial da disputa das capacidades produtivas do Estado-nação. Sob a forma de mercadoria informacional indispensável ao poderio produtivo, o saber é o fator mais importante na competição mundial pelo poder. No entanto, na medida em que perde poder para as transnacionais, esse Estado transforma-se em fator de opacidade para uma ideologia da "transparência" comunicacional, que se relaciona estritamente com a comercialização dos saberes. No entanto, o saber científico não é todo o saber; sempre esteve ligado a uma espécie de saber narrativo, do qual dependerá para sua legitimação. A questão da legitimação encontra-se, desde Platão, indissoluvelmente associada à da legitimação do legislador. "O direito de decidir sobre o que é verdadeiro não é independente do direito de decidir sobre o que é justo, mesmo se os enunciados submetidos respectivamente a esta e àquela autoridade forem de natureza diferente." Existe um entrosamento entre o gênero de linguagem que se chama ciência e o que se denomina ética e política. Quem decide o que é saber, e quem sabe o que convém decidir? A questão do saber na idade da informática é mais do que nunca um problema do governo.

Na fase atual do capitalismo, auxiliado pela mutação das técnicas, surge um novo Estado. A classe dirigente já não é mais constituída por políticos, mas por executivos de empresas, altos funcionários públicos e dirigentes de órgãos profissionais, sindicais, políticos, confessionais. Os partidos, as instituições e as tradições históricas perdem seu atrativo. Objetivos políticos perdem interesse. A finalidade da vida é deixada a cada cidadão, cada qual entregue a si mesmo, mesmo sabendo que este *si mesmo* é muito pouco. Lyotard fala que "esta decomposição dos grandes relatos acarreta a dissolução do vínculo social e a passagem das coletividades sociais ao estado de uma massa composta de átomos individuais lançados num absurdo movimento browniano" (p.28). Resta ao sistema reajustar-se pela melhora de cada pequena *performance* individual, encorajando esses deslocamentos numa luta contínua contra sua própria entropia, ou seja, à medida de sua quantidade de desordem.

O termo saber se diferencia por um conjunto de enunciados: saber-fazer, saber-viver, saber-escutar etc. Ultrapassa um critério único de verdade e estende-se a questões de eficiência, justiça, felicidade e beleza. Nesse sentido, Lyotard diz que "o saber é aquilo que torna alguém capaz de proferir 'bons' enunciados. Permite 'boas' *performances* a respeito de vários objetos de discursos: conhecer, decidir, avaliar, transformar". Os primeiros filósofos chamaram de opinião esse modo de legitimação dos enunciados. A fórmula narrativa predomina no saber tradicional. As histórias populares contam os sucessos ou os fracassos que coroam as tentativas dos heróis e dão sua legitimidade às instituições da sociedade. Esses relatos, na sua pluralidade de jogos de linguagem, permitem definir os critérios de competência e avaliar as *performances*.

Já o saber científico exige um jogo de linguagem determinado. Um cientista deve proferir enunciados verificáveis ou falsificáveis a respeito de referentes acessíveis aos *experts*. Todo novo enunciado, se for contraditório em relação a outro anteriormente admitido que trate do mesmo referente, só poderá ser aceito como válido se refutar o enunciado precedente com argumentos e provas. Supõe-se que o remetente atual de um enunciado científico tenha conhecimento dos enunciados precedentes que dizem respeito a seu referente (bibliografia) e não proponha um enunciado sobre este mesmo assunto a não ser que ele se diferencie dos enunciados precedentes. No entanto, o cientista interroga-se sobre a validade dos enunciados narrativos e constata que eles nunca são submetidos à argumentação e à prova. A história do imperialismo cultural desde os inícios do Ocidente tem sido comandada pela exigência de legitimação.

Antes de chegar ao positivismo, o saber científico pesquisou outras soluções. Mas nunca conseguiu abrir mão do recurso ao saber narrativo. Que fazem os cientistas chamados à televisão, entrevistados nos jornais, após algumas "descobertas"? Eles contam a epopeia de um saber que, entretanto, é totalmente não épico. Satisfazem assim às regras do jogo narrativo, cuja pressão por parte dos usuários das mídias e do seu próprio interior permanece considerável.

Mas quem decide, afinal, o que é verdadeiro em ciência? Desvia-se da busca metafísica de uma prova primeira ou de uma autoridade transcendente, reconhece-se que as condições do verdadeiro – as regras do jogo da ciência – são imanentes a esse jogo, que elas não podem ser estabelecidas de outro modo a não ser no seio de um debate já ele mesmo científico; e que não existe outra prova de que as regras sejam boas senão o fato delas formarem o consenso dos *experts*.

Quem tem, porém, o direito de decidir pela sociedade? Lyotard responde: "O nome do herói é o povo, o sinal da legitimidade seu consenso, a deliberação seu modo de normatização. Disto resulta infalivelmente a ideia de progresso; ela não representa outra coisa senão o movimento pelo qual supõe-se que o saber se acumula. Mas o povo está em debate consigo mesmo sobre o que é justo e injusto, da mesma maneira que a comunidade dos cientistas, sobre o que é verdadeiro e falso; o povo acumula as leis civis, como os cientistas acumulam as leis científicas; o povo aperfeiçoa as regras do seu consenso por disposições constitucionais, como os cientistas revisam à luz dos seus conhecimentos produzindo novos paradigmas" (p.55). É curioso, no entanto, que os representantes da nova legitimação pelo povo sejam também os destruidores ativos dos saberes tradicionais dos povos, percebidos de agora em diante como minorias ou como separatismos potenciais cujo destino não pode ser senão obscurantista. A existência real desse sujeito forçosamente abstrato depende das instituições nas quais ele é admitido para deliberar e decidir, e que compreendem todo ou parte do Estado. É assim que a questão do Estado encontra-se estreitamente imbricada com a do saber científico. O modo de legitimação de que falamos, que reintroduz o relato como validade do saber, pode assim tomar duas direções: como um herói do conhecimento ou como um herói da liberdade.

Há duas grandes versões sobre o relato de legitimação. Uma é a de que todos os povos têm direito à ciência, tomando a humanidade como herói da liberdade. A outra, é a de que a relação entre a ciência, a nação e o Estado dá lugar a uma elaboração bastante diferente. Na fundação da Universidade de Berlim, no início do século XIX, o ministério prussiano foi surpreendido com dois projetos opostos: o de Fichte e o de Schleiermacher. Coube a Wilhelm von Humboldt, como árbitro, decidir pela opção mais "liberal" do segundo. Em seu relatório ele declara que a ciência obedece a regras próprias, que a instituição científica "vive e renova-se sem cessar por si mesma, sem nenhum cerceamento nem finalidade determinada". Mas acrescenta que a universidade deve referir sua ciência à "formação espiritual e moral da nação". O que interessa não seria o conhecimento, mas "o caráter e a ação". Estamos assim diante de um conflito maior, que lembra a ruptura introduzida pela crítica kantiana entre conhecer e querer. Um jogo de verdade orienta a prática ética, social, política. Ele comporta decisões e obrigações; e enunciados que sejam justos, não necessariamente verdadeiros. Lyotard fala de uma tríplice aspiração: tudo fazer derivar de um princípio original (atividade científica); tudo referir a um ideal (prática ética e social); reunir este princípio e este ideal em uma única Ideia (a pesquisa das verdadeiras causas na ciência deve coincidir com o objetivo dos justos fins na vida moral e política).

Seria o povo ou o espírito especulativo o sujeito do saber? O jogo de linguagem de legitimação não é político-estatal, mas filosófico. É a especulação que legitima o discurso científico? As escolas são funcionais; a universidade é especulativa, isto é, filosófica. O Estado-nação não pode exprimir validamente o povo a não ser pela mediação do saber especulativo. Lyotard acredita, pois, que se faz necessário resgatar a filosofia. O princípio humanista segundo o qual a humanidade eleva-se em dignidade e em liberdade por meio do saber encontra sua legitimidade em si mesmo. Nessa perspectiva, o verdadeiro saber é sempre um saber indireto, feito de enunciados recolhidos e incorporados ao metarrelato de um sujeito que lhe assegura a legitimidade. Para o sujeito concreto sua emancipação é tomada em relação a tudo aquilo que o impede de se governar a si mesmo. Supõe-se que as leis que estabelece para si mesmo sejam justas, pelo fato de que os legisladores não são outros senão cidadãos submetidos às leis; e que a vontade de que a lei faça justiça, que é a do cidadão, coincide com a vontade do legislador, que é a de que a justiça seja lei. Esse modo de legitimação pela autonomia da vontade privilegia o que Kant chama de imperativo, e os contemporâneos chamam de prescritivo.

Os cientistas não devem se prestar a esse jogo a não ser que julguem a política do Estado justa. Eles podem recusar as prescrições do Estado em nome da sociedade civil de que são membros, se considerarem que esse Estado não a representa bem. Reencontra-se assim a função crítica do saber.

Na cultura pós-moderna, com a perda de credibilidade dos grandes relatos, o impacto da retomada da prosperidade capitalista e o avanço desconcertante das técnicas sobre o estatuto do saber são inevitáveis. Uma ciência que não encontrou sua legitimidade não é uma ciência verdadeira; ela cai ao nível de ideologia ou de instrumento de poder, se o discurso que deveria legitimá-la aparece ele mesmo como dependente de um saber pré-científico, da mesma categoria que um relato "vulgar". Há um grupo de regras que é preciso admitir para jogar o jogo especulativo. Primeiramente, é preciso que se aceite como modo geral da linguagem do saber o das ciências "positivas". Em segundo lugar, que se considere que essa linguagem implica pressuposições (formais e axiomáticas) que ela deve sempre explicitar. Nietzsche afirma isso quando mostra que o "niilismo europeu" resulta da autoaplicação da exigência científica de verdade a essa própria exigência.

A "crise" do saber científico procede da erosão interna do princípio de legitimação do saber. O problema é que a ciência joga o seu próprio jogo, não podendo legitimar os outros jogos de linguagem. Como diz Ludwig Wittgenstein, "nossa linguagem pode ser considerada uma velha cidade: uma rede de ruelas e praças, de casas novas e velhas, de casas dimensionadas às novas épocas; e isto tudo cercado por uma quantidade de novos subúrbios com ruas retas e regulares e com casas uniformes. A partir de quantas casas ou ruas uma cidade começa a ser uma cidade?". A força de Wittgenstein consiste em não se colocar ao lado do positivismo que o Círculo de Viena desenvolvia e buscar na sua investigação dos jogos de linguagem a perspectiva de um outro tipo de legitimação que não fosse o desempenho. É com ela que o mundo pós-moderno mantém relação. Para Lyotard, a própria nostalgia do relato perdido desapareceu para a maioria das pessoas. O que as afasta da barbárie é que elas sabem que a legitimação não pode vir de outro lugar senão de sua prática de linguagem e de sua interação comunicacional. Face a qualquer outra crença, a ironia da ciência ensinou-lhes a dura sobriedade do realismo.

No mundo pós-moderno, as técnicas obedecem ao princípio de otimização das *performances*: aumento do *output* (informações ou modificações obtidas); diminuição do *input* (energia despendida) para obtê-las. O objetivo não é o verdadeiro, ou o justo, ou o belo, mas simplesmente o mais eficiente. A administração da prova passa assim a ser controlada por um outro jogo de linguagem no qual o que está em questão não é a verdade, mas o desempenho, ou seja a melhor relação *input/ output*. O Estado e/ou a empresa abandonam o relato de legitimação idealista ou humanista para justificar a nova disputa no único discurso aceito pelos financiadores do mundo pós-moderno: a busca do lucro e do poder. Não se investe em cientistas, técnicos e equipamentos para saber a verdade, mas para aumentar o poder. O poder legitima a ciência e o direito por sua eficiência, que por sua vez se legitima pela ciência e pelo direito. Ele se autolegitima num sistema regulado sobre a otimização de suas *performances*. Mas aqui criam-se sérios problemas. A expansão da ciência não se faz graças ao positivismo da eficiência. A ideia de *performance* implica a de um sistema com estabilidade firme, porque repousa sobre o princípio de uma relação sempre calculável entre *input* e *output*. No entanto, com a mecânica quântica e a física atômica, a extensão desse princípio deve ser limitada. Se a definição do estado inicial de um sistema devesse ser efetiva, exigiria uma despesa de energia no mínimo equivalente àquela que consome o sistema a ser definido.

Interessando-se pelos "quanta", pelos "fracta", pelos paradoxos paradigmáticos, a ciência pós-moderna torna a teoria de sua própria evolução descontínua, catastrófica, paradoxal. O sentido do saber se altera. E sugere um modelo de legitimação que não é de modo algum o da melhor *performance*. Um especialista em teoria dos jogos diria que toda teoria elaborada é útil apenas enquanto gera ideias. Um cientista é aquele que conta histórias, cria metáforas, e simplesmente tenta verificá-las. O recurso aos grandes relatos como legitimação do saber parece, pois, excluído. O "pequeno relato" continua a ser a forma por excelência usada pela ciência. Por outro lado, o princípio do consenso também parece insuficiente. A ênfase deve ser, pois, colocada no dissenso. É preciso supor um poder que desestabilize as capacidades de explicar e que se manifeste pela proposição de novas regras para o jogo de linguagem científico, envolvendo a imprevisibilidade das "descobertas". Em relação a um ideal de transparência, ela é um fator de formação de opacidades, que relega o momento do consenso para mais tarde.

O critério do desempenho tem "vantagens". Exclui, em princípio, a adesão a um discurso metafísico, requer o abandono de fábulas, exige espíritos claros e vontades frias, coloca o cálculo das intenções no lugar da definição de essências, faz que os "jogadores" assumam a responsabilidade não somente dos enunciados que propõem, mas também das regras às quais os submetem para torná-los aceitáveis.

As necessidades dos mais desfavorecidos não devem, por princípio, servir como reguladoras do sistema, visto que, ao satisfazê-las, suas *performances* não melhoram, apenas tornam-se mais pesadas suas despesas. A pragmática social não tem a "simplicidade" que possui a das ciências. É um monstro formado por um emaranhado de classes de enunciados heteromorfos. Não existe nenhuma razão para pensar que se possa determinar metaprescrições comuns a todos esses jogos de linguagem e que um consenso possa abarcar o conjunto de enunciados da coletividade. Essa conclusão provoca o declínio dos relatos de legitimação, sejam eles tradicionais ou "modernos" (emancipação da humanidade). Por essa razão, Lyotard acredita não ser possível, nem mesmo prudente – como faz Habermas –, orientar a elaboração do problema da legitimação na busca de um consenso universal. Seria necessário supor que todos os interlocutores pudessem entrar em acordo sobre regras ou metaprescrições válidas universalmente para todos os jogos de linguagem, quando está claro que esses são heteromorfos e resultam de regras pragmáticas heterogêneas. A segunda crença seria a de que a finalidade do diálogo é o consenso, isto é, que a humanidade como sujeito coletivo (universal) procura sua emancipação comum por meio da regularização dos "lances" permitidos em todos os jogos de linguagem, e que a legitimidade de um enunciado qualquer reside em sua contribuição a essa emancipação. Lyotard acha que a causa é boa, mas os argumentos não o são: "O consenso teria se tornado um valor ultrapassado e suspeito. A justiça, porém, não o é. É preciso então chegar a uma ideia e a uma prática da justiça que não seja relacionada à do consenso" (p.188).

O reconhecimento da heterogeneidade dos jogos de linguagem é um primeiro passo nessa direção. O segundo é o princípio de que, se existe consenso sobre as regras que definem cada jogo e seus "lances", ele deve ser local. Essa orientação corresponde à evolução das interações sociais, nas quais o contrato temporário suplanta a instituição permanente de matérias profissionais, afetivas, sexuais, culturais, familiares e internacionais, bem como nos negócios políticos. Com a informatização das sociedades, encontra-se o instrumento "sonhado" para o controle e a regulamentação do sistema de mercado, abrangendo até o próprio saber, agora exclusivamente regido pelo princípio de desempenho. A única oportunidade para decidir com conhecimento de causa seria garantir ao público acesso livre às memórias e aos bancos de dados, permitindo jogos de linguagem entre atores com informação completa. Eles serão jogos de soma não nula e, nesse sentido, as discussões não correrão o risco de se fixar jamais sobre posições de equilíbrio mínimos, por esgotamento das disputas. Pois as disputas serão então constituídas por conhecimentos (ou informações) e a reserva de conhecimentos ou enunciados de linguagem possíveis é inesgotável. Essa política poderia garantir o respeito ao desejo de justiça.

Na sociedade pós-moderna, o Estado, se autêntico representante da sociedade civil, deveria ter a função de garantir essas condições que permitam fazer prevalecer a justiça sobre o valor econômico. Estaria assim assegurada a legitimidade do desenvolvimento tecnológico. De modo geral, no entanto, o Estado atual contém e expressa, principalmente, os interesses das categorias dominantes da economia global, a saber, daquelas que controlam o capital. Paradoxalmente, esse mesmo Estado é o *locus* de uma grande contradição. Ele não é apenas um instrumento dos incluídos nos benefícios da globalização; ele se legitima pelo voto de milhões de excluídos que, devidamente organizados, podem exercer influência nos aparelhos de Estado. O conceito de sociedade civil precisa ser recuperado, radicalizado e ampliado, de modo a abranger os interesses das muitas minorias – e até de várias maiorias – que não se sentem mais representadas pela estrutura política convencional. Para que os partidos políticos pós-modernos voltem a ser representativos, eles precisam poder abrigar uma vontade coletiva que lhes dê condição de induzir uma reforma intelectual e moral – chamada por Gramsci de direção cultural – que, além de bases originais para uma concepção de mundo, contenha as normas e os instrumentos para o controle das recentes tecnologias.

John Dewey, um filósofo que, assim como Marx, admirava igualmente Hegel e Darwin, compreendia a insistência de Hegel na historicidade ao afirmar que os filósofos não devem tentar ser a vanguarda da sociedade e da cultura, contentando-se em fazer a mediação entre o passado e o futuro. Seu trabalho seria tecer uma trama que envolvesse velhas e novas crenças, de tal forma que elas pudessem cooperar umas com as outras. A utilidade estaria em resolver situações nas quais a linguagem do passado está em conflito com as necessidades do futuro. Dewey propõe que as instituições de uma sociedade genuinamente não feudal seriam ao mesmo tempo causa e efeito de uma maneira não dualista de pensar sobre a realidade e o conhecimento. Isso colocaria os intelectuais a serviço da classe produtiva, em vez de colocá-los a serviço da classe ociosa. Ele sugere a teoria como auxiliar da prática, em vez de ver a prática como uma degradação. Isso lembra vagamente Marx, pois tanto ele como Dewey apoiaram-se em Hegel, rejeitando nele tudo o que não era historicista, especialmente seu idealismo, e ficando com o que podia ser reconciliado com Darwin. Habermas acha que Marx, Kierkegaard e o pragmatismo americano foram as respostas à questão de Hegel: "Como podemos transformar o presente num futuro mais fecundo?". Enquanto Marx pensava, contudo, que podia enxergar o fim da história e olhar o presente como uma etapa entre o feudalismo e o comunismo, Dewey se satisfazia em imaginar uma transição que simplesmente significasse algo meramente melhor. Mais tarde, lendo Marx, achou-o tragado pelo lado grego de Hegel, que insistia nas leis gerais da história, sucumbindo à tentação de extrapolar o futuro a partir do presente. Ele preferiu apenas substituir a tentativa platônica de escapar do tempo pela esperança de produzir um futuro melhor, deixando de lado o propósito comum aos gregos e aos idealistas alemães – a representação acurada da natureza intrínseca da realidade – em benefício do propósito político da democracia participativa.

Já Rorty vê os filósofos como intelectuais típicos da mudança. Seu papel seria principalmente mediar e propiciar processos de transição. Em vez de postar-se como a prática cultural que julga as demais práticas culturais, a filosofia de Rorty situa-se, *in mediares*, como um produto do tempo que nos propicia algumas estratégias de bricolagem de discursos, facilita a criação de certas pontes entre setores da reflexão e torna mais aguda e sutil nossa sensibilidade. Ele diz ser "tarefa da filosofia do futuro clarear as ideias dos homens com relação aos conflitos sociais e morais dos seus dias", substituir gradualmente a tentativa de nos vermos do lado de fora do tempo e da história pela construção de um futuro melhor para nós mesmos, ou seja, uma sociedade utópica democrática. Ao invés de ver a filosofia auxiliando no conhecimento, ele quer vê-la auxiliando-nos nessa transformação. É o que ele crê que os apaixonados advogados da unificação europeia estão buscando na possibilidade de uma grande república federal tolerante e pluralista para com seus cidadãos, na esperança de que seus netos pensarão em si mesmos em primeiro lugar como europeus, e só depois como alemães ou franceses. Lançar-se no processo de uma transformação imprevisível, uma apoteose do futuro, um desejo de substituir a certeza pela imaginação e o orgulho pela curiosidade, demolindo a distinção grega entre contemplação e ação, são os objetivos do pragmatismo, que tenta substituir conhecimento por esperança e – para além da necessidade de estabilidade, segurança e ordem – buscar novas formas de sermos humanos.

Dewey era capaz de aceitar a sugestão de Locke de que o papel do filósofo é semelhante ao de um faxineiro que limpa os resíduos do passado para dar espaço às construções do futuro. Teria admitido, eventualmente, contudo, ser o filósofo capaz de mesclar esse papel de zelador com o de profeta. Os esforços de Habermas para desembaraçar a filosofia do que ele chama de "a filosofia da consciência" – e Derrida, de "metafísica da presença" – estão associados às profecias de uma sociedade plenamente democrática, cuja vinda será precipitada por esses desembaraços. Seria a emergência de uma democracia de massas. Para os pragmáticos, no entanto, o caminho que leva a essa democracia é a progressiva tarefa de persuadir homens e mulheres a serem livres. Esse seria o derradeiro papel do filósofo.

Talvez o caminho seja, como queria Gramsci, induzir uma reforma intelectual e moral que legitime as direções do progresso; ou, quem sabe, reabilitar o princípio platônico da responsabilidade, pelo qual Jonas pretende garantir a sobrevivência da humanidade; ou, ainda, como imaginam os pragmatistas, ir tecendo pouco a pouco uma trama na esperança de produzir um futuro que clareie as ideias dos homens em relação aos conflitos que impedem uma verdadeira democracia de massas. De qualquer forma, por moral, responsabilidade ou prudência, é preciso buscar condições para que uma nova hegemonia mundial, que inclua mas não se constranja ao capital, possa construir um mundo melhor, utilizando-se dos avanços da ciência em benefício da grande maioria de seus cidadãos.

Bibliografia

ADORNO, T. *Teoria estética*. Lisboa: Edições 70, 1996.
ARENDT, H. *Homens em tempos sombrios*. São Paulo: Companhia das Letras, 1999.
ARISTÓTELES. *Ética*. São Paulo: Edipro, 1995.
ARRIGHI, G. *O longo século XX*: dinheiro, poder e as origens de nosso tempo. Rio de Janeiro: Contraponto; São Paulo: Editora UNESP, 1996.
_____. *A ilusão do desenvolvimento*. Petrópolis: Vozes, 1997.
BALANDIER, G. *O dédalo*: para finalizar o século XX. Rio de Janeiro: Bertrand Brasil, 1999.
BENJAMIN, W. *Obras escolhidas*. 3.ed. São Paulo: Brasiliense, 1987.
BLAKE, W. *The Complete Works of William Blake*. Org. Jeffrey Keynes. London: Oxford University Press, 1966.
BIRMAN, J. *Mal-estar na atualidade*. Rio de Janeiro: Civilização Brasileira, 1998.
BOBBIO, N. *Estado, governo, sociedade*: por uma teoria geral da política. Rio de Janeiro: Paz e Terra, 1987.
_____. *Destra e sinistra*: ragioni e significati di una distinzione politica. Roma: Donzelli, 1994.
_____. *Direita e esquerda*. Razões e significados de uma distinção política. São Paulo: Editora UNESP, 1995. (2.ed. rev. e ampl. 2001)
_____. *Ensaios sobre Gramsci e o conceito de sociedade civil*. São Paulo: Paz e Terra, 1999.
BRAUDEL, F. *Afterthoughts on Material Civilization and Capitalism*. Baltimore: Johns Hopkins University Press, 1977.

BRAUDEL, F. *The Perspective of the World*. New York: Harper & Row, 1984.

BULFINCH, T. *The Age of Fable*. New York: Airmont Pub. Co., 1979.

CASTELLS, M. *La ciudad informacional*. Madrid: Alianza Editorial, 1995.

_____. *La era de la información*. Economia, sociedad y cultura. Madrid: Alianza Editorial, 1998. v.1: La sociedad red.

_____. *La era de la información*. Economia, sociedad y cultura. Madrid: Alianza Editorial. 1998. v.2: El poder de la identidad.

CECEÑA, A. E. (Org.) *La tecnología como instrumento de poder*. México: Universidad Nacional Autónoma de México, El Caballito, 1988a.

_____. Superioridad tecnológica, competencia hegemonía. In: _____. *La tecnología como instrumento de poder*. México: Universidad Nacional Autónoma de México, El Caballito, 1988b.

COLLI, G., MONTINARI, M. (Org.) *Werke*. Kritische Studienausgabe. Berlin: Walter de Gruyter & Co., 1967-1978. 15v.

_____. *Sämtliche Briefe*. Berlin: Walter de Gruyter & Co., 1975-1984. 8v.

DEBORD, G. *A sociedade do espetáculo*. Rio de Janeiro: Contraponto, 1997.

DERRIDA, J. *Margens da filosofia*. Campinas: Papirus,1991.

DESMOND, W. *Art and Absolute*: A Study of Hegel's Aesthetics. Albany: State University of New York Press, 1986.

_____. *Hegel and his Critics*. Aesthetics. Albany: State University of New York Press, 1989.

_____. *A filosofia e seus outros modos do ser e do pensar*. São Paulo: Loyola, 2000.

DEWEY, J. Maeterlinck's philosophy of life. In: _____. *The middle works of John Dewey*. Carbondale: Southern Illinois University Press, 1978.

_____. Reconstruction in philosophy. In: _____. *The middle works of John Dewey*. Carbondale: Southern Illinois University Press, 1983.

DIGGINS, J. P. *Max Weber: a política e o espírito da tragédia*. Rio de Janeiro: Record, 1999.

DUPAS, G. Estratégias das empresas transnacionais: oportunidades e riscos. *Coleção Documentos*, n.44, IEA/USP, abr. 1996.

DUPAS, G. A lógica econômica global e a revisão do *welfare state*: a urgência de um novo pacto social. *Revista Estudos Avançados*, n.33, IEA/USP, maio-ago. 1998.

_____. Conseguirão os sindicatos sobreviver? *Jornal do Brasil*, Rio de Janeiro, 16 nov. 1998a.

_____. A lógica da economia global e a exclusão social. *Revista Estudos Avançados*, n.34, IEA/USP, set.-dez. 1998b.

_____. A lógica da globalização e as tensões da sociedade contemporânea. In: CONGRESSO SUL-AMERICANO DE FILOSOFIA, II, São Paulo, 1999a. *Anais...* São Paulo: s.n., out. 1999a.

_____. Lógica da globalização, tensões e governabilidade na sociedade contemporânea. Seminário Unesco: Democratic Principles and Governance in the 21st Century. Paris, nov. 1999b.

_____. Globalização, exclusão social e governabilidade. In: CONFERÊNCIA LATINO-AMERICANA E CARIBENHA DE CIÊNCIAS SOCIAIS, I, Recife, nov. 1999c.

_____. *Economia global e exclusão social*: pobreza, emprego, Estado e o futuro do capitalismo. São Paulo: Paz e Terra, 1999.

_____. *Economia global e exclusão social*: pobreza, emprego, Estado e o futuro do capitalismo. 2.ed. rev. e ampl. São Paulo: Paz e Terra, 2000.

ELLUL, J. *Le système technicien*. Paris: Calmann-Lévy, 1977.

FOUCAULT, M. *The Order of Things*: An Archaeology of the Human Sciences. London: Tavistock, 1970.

_____. *Madness and civilization*. New York: Vintage, 1973.

_____. *Histoire de la sexualité*. Paris: Gallimard, 1984a. v.2: L'usage des plaisirs.

_____. *Histoire de la sexualité*. Paris: Gallimard. 1984b. v.3: Le souci de soi.

FREUD, S. *Totem e tabu*. Porto Alegre: Imago, 1997a.

_____. *O mal-estar na civilização*. Porto Alegre: Imago, 1997b.

_____. *O futuro de uma ilusão*. Porto Alegre: Imago, 1997c.

GALBRAITH, J. K. *The Socially Concerned Today*. Toronto: University of Toronto Press, 1998.

GIDDENS, A. *Para além da esquerda e da direita*. São Paulo: Editora UNESP, 1996.

_____. *A terceira via*. São Paulo: Record, 1998.

GIDDENS, A. *Runaway World*: How Globalisation is Reshaping our Lives. London: Profiles Book, 1999.

GOULD, S. J. The monster's of human nature. *Natural History*, jul. 1984.

GRAMSCI, A. *Cadernos do cárcere*. Rio de Janeiro: Civilização Brasileira, 1991.

HABERMAS, J. *Conhecimento e interesse*. Prefácio de José N. Heck. Rio de Janeiro: Zahar, 1982.

_____. *O discurso filosófico da modernidade*. Lisboa: Dom Quixote. 1998a.

_____. *Die Postnationale Konstellation*. Frankfurt am Main: s. n., 1998b.

HAYMAN, R. *Nietzsche: Nietzsche e suas vozes*. São Paulo: Editora UNESP, 2000. (Grandes Filósofos)

HEGEL, G. W. *O sistema da vida ética*. Lisboa: Edições 70, 1991.

_____. *Princípios de filosofia do direito*. São Paulo: Martins Fontes, 1997.

HOBSBAWM, E. *Age of Extremes*. London: Michael Joseph, 1994.

_____. *Sobre a História*. São Paulo: Companhia das Letras, 1998.

JAMESON, F. *As sementes do tempo*. São Paulo: Ática, 1997.

JONAS, H. *Gnostic Religion*: The Message of the Alien God & the Beginnings of Christianity. Boston: Beacon Press, 1980.

_____. *Le principe responsabilité*. Paris: Cerf, 1990.

KANT, I. *Crítica da razão pura*. Lisboa: Calouste Gulbenkian, s. d.

KAYZER, W. *Maravilhosa obra do acaso*: para tentar entender nosso lugar no quebra-cabeça cósmico. Rio de Janeiro: Nova Fronteira, 1998.

LAFER, C. *Desafios: ética e política*. São Paulo: Siciliano, 1995.

LAVAGNA, R. *Neoconservadorismo versus capitalismo competitivo*. Buenos Aires: Fondo de Cultura Económica de Argentina, 1999.

LYOTARD, J.-F. *A condição pós-moderna*. Rio de Janeiro: José Olympio, 1998.

MARX, K. *O capital*. Crítica da economia política. São Paulo: Civilização Brasileira, 1983.

_____. Manifesto do Partido Comunista. Trad. Marcus Vinicius Mazzari do original alemão "Manifest der Kommunistischen Partei". *Revista Estudos Avançados*, n.34, IEA/USP, set.-dez. 1998.

NIETZSCHE, F. *Além do bem e do mal*. São Paulo: Companhia das Letras, 1992.

_____. *Assim falou Zaratustra*. Rio de Janeiro: Civilização Brasileira, 1998.

OPPENHEIMER, J. R. Phisics in the Modern World. In: _____. *Great Essays in Science*. New York: Martin Gardner, 1957.

REICH, R. *The Work of Nations*: Preparing Ourselves for 21st Century Capitalism. New York: Random House, 1992.

RORTY, R. *Pragmatismo*: a filosofia da criação e da mudança. Org. Cristina Magro e Antonio Marcos Pereira. Belo Horizonte: Ed. UFMG, 2000.

_____. Truth and progress. In: _____. *Philosophical papers 3*. Cambridge: Cambridge University Press, 1998.

_____. *¿Esperanza o conocimiento?* Una introducción al pragmatismo. Buenos Aires: Fondo de Cultura Económica, 1997.

_____. Objetividade, relativismo e verdade. In: _____. *Escritos filosóficos 1*. Rio de Janeiro: Relume Dumará, 1997.

_____. *Contingency, Irony and Solidarity*. Cambridge: Cambridge University Press, 1989.

ROUANET, S. P. *As razões do Iluminismo*. São Paulo: Companhia das Letras, 1999.

RUSS, J. *Pensamento ético contemporâneo*. São Paulo: Paulus, 1999.

RUSSEL, B. *Icarus or the Future of Science*. London: Kegan Paul, 1924.

SHATTUCK, R. *Conhecimento proibido*: de Prometeu à pornografia. São Paulo: Companhia das Letras, 1998.

TOURAINE, A. *Qu'est ce que la democratie?* Paris: Fayard, 1994.

_____. *Pourrons-nous vivre ensemble?* Paris: Fayard, 1997.

VICO, G. *A nova ciência*. Rio de Janeiro: Record, 1999.

WEBER, M. *Economy and society*. Berkeley CA: University of California Press, 1978.

WEBER, M. *A ética protestante e o espírito do capitalismo*. São Paulo: Pioneira, 1987.

WEISCHEDEL, W. *A escada dos fundos da filosofia*: a vida cotidiana e o pensamento de 34 grandes filósofos. São Paulo: Angra, 1999.

WITTGENSTEIN, L. *Investigações filosóficas*. São Paulo: Abril Cultural, 1982. (Os Pensadores).

ZUFFO, J. A. *A infoera*: o imenso desafio do futuro. São Paulo: Saber, 1997.

Índice remissivo

A
acumulação, 9, 21, 24, 26-30, 32-4, 44, 65, 69, 99-100, 103, 107
   acumulação capitalista, 15, 23, 26, 29, 100
ciclo de acumulação, 24, 27, 30
taxa de acumulação, 18, 46
Adorno, T., 15
Aristóteles, 74
Arrighi, G., 108
automação, 25, 29, 33, 37, 61, 63, 71
   choque de automação, 18
autonomia, 9, 72-3, 77, 85, 115
   autonomia tecnológica, 28, 72-3, 83-4, 99

B
Bacon, F., 72, 82
Baier, 92
Balandier, G., 49, 54, 60, 64, 66, 73, 83
Banco Mundial (World Bank), 26
Benjamin, W., 5, 57
Birman, J., 53
Blake, W., 66

Bosi, A., 19
blocos regionais, 26, 101
Braudel, F., 27-8

C
cadeias produtivas globais, 21-2, 25, 28, 30, 33, 45, 100
   escala de produção, 29, 37, 39, 47
   processo de concentração, 18, 29-30, 108
   processo de fragmentação, 22, 28, 30-1, 33, 38, 66, 100
capitalismo global, 14, 18, 21, 25, 43, 51, 63, 65, 99, 100
   internacionalização/globalização, 16, 34, 43, 45, 49, 66, 101, 120
   mobilidade de capitais, 31, 34, 39
Castells, M., 42-3
Ceceña, A. E., 24-5, 32, 39, 41
competição/concorrência, 18, 21, 24, 29-31, 34, 54, 63, 66, 69, 110
Comte, A., 75

corporações transnacionais (vide empresas), 24, 26, 28-32, 44-6, 79, 108, 110

D
Darwin, C., 95, 120-1
Davidson, D., 94
Debord, G., 51-3
Deleuze, G., 78
Dennett, D., 55, 84-5
Derrida, J., 94, 122
Descartes, 70
Desmond, W., 70-1, 85, 87
Dewey, J., 92, 94-5, 120-2
Diggins, S. P., 64

E
Ellul, J., 83
empresas
  estratégias das corporações, 31, 37
  networks/redes, 30, 42-4, 51, 66, 73
espetáculo, 49-53, 102
Estados nacionais, 9, 13, 23
  papel dos Estados, 23, 29, 81, 99, 107-8
  poder dos Estados, 19, 21, 108, 110, 119-20
  welfare state, 22
ética, 9-11, 18-9, 29, 61, 66, 69, 74, 76-9, 81-4, 86-7, 91-2, 104-5, 111, 114
  ética do trabalho, 15
  normas/padrões éticos, 18, 79, 105, 108
  referências éticas, 66, 98
exclusão/inclusão, 31, 42
exclusão social, 15, 17, 35, 50, 99-100

F
Fichte, 114
filosofia pragmatista, 91-8
Foucault, M., 78, 94
Freud, S., 81-2

G
genético, 15, 18, 22, 24, 61, 73, 76, 79-80, 99, 104-5
Gould, S. J., 56
Gramsci, A., 108-10, 120, 122
Greenspan, A., 46

H
Habermas, J., 75, 118, 121-2
Heck, J. N., 75
Hegel, 95, 120-1
hegemonia, 19, 21, 37-8, 40, 46, 48, 99, 101, 104, 108-10, 123
Heidegger, M., 74, 77, 91, 97
Herder, 94
Hobsbawm, E., 13
humanidade, 9, 14-5, 17, 19, 55, 61, 63, 73, 77-8, 80-3, 98, 102-3, 105-7, 114-5, 118, 123
Humboldt, W., 94, 114
Hume, 92-3
Husserl, 77

I
informação, 16, 18, 22, 38, 41-3, 47, 52, 60, 66, 71, 76, 119
  sociedade da informação (ver sociedade)
  tecnologia da informação (ver tecnologia)

J
James, W., 94
Jaspers, K., 75

Jonas, H., 77-83, 123
justiça, 87, 91, 111, 119

K
Kant, I., 11, 87, 91, 93, 95-6, 115
  imperativo kantiano, 80, 105, 115
Kierkegaard, S., 79, 121
Krugman, P., 42

L
Lafer, C., 19
Lavagna, R., 26
Lei de Metcalfe, 42
legitimidade, 97, 107, 110, 112-3, 115, 119-20
  legitimidade da ciência, 16, 99, 103-4, 106, 112-9
Leibniz, G. W., 81
Lévi-Strauss, C., 5
Locke, 122
Lyotard, J. F., 16, 104, 111, 113-4, 116, 118-9

M
Maquiavel, N., 108
Marx, K., 28, 65, 95, 97, 120-1
  marxismo/marxista, 24, 27, 54, 82, 109
modernidade, 53
moral e prudência, distinção entre, 91-8

N
Nietzsche, F. W., 5, 50-1, 61, 75-6, 80, 87, 94, 96-7, 116

O
Oppenheimer, 72

P
Platão, 11, 78, 81, 87, 91, 93, 95-6, 111
PNUD, 44
poder, 9, 16-9, 21-2, 28, 33-4, 38, 41-3, 45, 50-1, 54, 60, 63-4, 69, 72-3, 79-87, 91, 93, 100-1, 103, 106-8, 110, 115, 117
pós-moderno, 15-6, 19, 43, 49-51, 53, 64, 66, 69-70, 72, 76-7, 81, 85-6, 91, 97, 101-2, 104-5, 107-8, 110, 115-7, 119-20
pragmatismo, 91-8, 118, 121-2
pragmatistas, 91-8, 123
preservação, 9, 19, 82, 103
progresso, 5, 13-4, 17, 24, 49, 57, 61, 75, 79, 91, 97-8, 101, 103-4, 110, 113, 122
  mito do progresso, 15, 21, 100
prudência e moral, distinção entre, 91-8
Putnam, H., 93-4

R
Roosevelt, 72
Rorty, R., 93, 96, 98, 121
Rouanet, S. P., 15-6
Russ, J., 77, 80

S
Schleiermacher, 114
self, 93
Shattuck, R., 72
sociedade, 9, 13, 15-6, 18, 24-5, 29-30, 38, 42-3, 45, 47, 52, 54, 61, 63-4, 66, 71-2, 74-5, 79, 82-3, 85, 95-7, 99, 101-2, 104-5, 108-9, 112-3, 120, 122

civil, 16, 19, 107-10, 115, 119-20
da informação, 100-1
espetáculo, 49
pós-moderna, 19, 43, 61-2, 69, 72, 76, 81, 104-5, 107-8, 110, 119

T

tecnologia/técnica, 13-8, 21-6, 28-9, 33, 40-1, 43-9, 52-4, 56, 59-60, 62-3, 67, 69-75, 77- 80, 83-5, 91, 97, 99-108, 110-1, 115-6
  desenvolvimento tecnológico, 18, 23, 44, 120
  inovações, 14, 17, 26, 31, 34, 38, 40, 42, 45-6, 100, 103
  investimentos em tecnologia, 23-4, 30, 47
  liderança tecnológica, 21, 30, 38, 41, 44, 99
  tecnologia da informação, 14, 18, 22, 28, 30, 32, 37-8, 41-2, 44-7, 50-1, 62, 71, 84, 100-1, 105, 110

Tocqueville, R., 64
trabalho
  desemprego, 13, 17, 26, 29, 31-3, 35, 49, 61, 69, 100-1
  emprego, 18, 31, 35, 46, 62, 69
  flexibilização, 24, 100
  informalidade, 31, 34-5, 39
  mercado de trabalho, 22, 33-4, 38-9
  subemprego, 35
  trabalho formal, 25
Truman, H., 61, 72

V

Vico, G., 86

W

Weber, M., 64-6
Wilson, O. E., 55-6
Wittgenstein, L., 116
World Bank (Banco Mundial), 26

Z

Zuffo, J. A., 62

SOBRE O LIVRO

Formato: 14 x 21 cm
Mancha: 23 x 40 paicas
Tipografia: Gautineau 10,5/15,2
Papel: Pólen 80 g/m² (miolo)
Cartão Supremo 250 g/m² (capa)
3ª edição: 2011

EQUIPE DE REALIZAÇÃO

Edição de Texto
Nelson Luís Barbosa (Assistente Editorial)
Ana Luiza França (Preparação de Original)
Nelson Luís Barbosa e Ana Luiza França (Revisão)

Editoração Eletrônica
Lourdes Guacira da Silva Simonelli (Supervisão)
Rosângela F. de Araújo (Diagramação)